本书为湖南省科技厅 2017 年第九批省科技创新计划（技术创新引导计划）项目“以科技协同创新推动湘西州产业转型升级的政策研究”（项目编号：2017SF3018）、湖南省社科基金项目“经济新常态下城市物流空间结构复杂性特征研究”（项目编号：15YBB003）和湖南省自然科学基金项目“跨境电商物流网络的演化机理及应用研究”（项目编号：2017JJ2289）的研究成果

以科技协同创新推动湘西州产业转型升级的政策研究

戴恩勇　江泽智　著

中国财富出版社

图书在版编目（CIP）数据

以科技协同创新推动湘西州产业转型升级的政策研究 / 戴恩勇，江泽智著 . —北京：中国财富出版社，2018.9

ISBN 978 - 7 - 5047 - 6756 - 1

Ⅰ. ①以… Ⅱ. ①戴…②江… Ⅲ. ①技术革新—产业政策—作用—产业结构升级—研究—湘西地区 Ⅳ. ①F127.64

中国版本图书馆 CIP 数据核字（2018）第 209355 号

策划编辑 郑欣怡　　**责任编辑** 邢有涛　赵雅馨
责任印制 梁　凡　郭紫楠　　**责任校对** 孙丽丽　　**责任发行** 敬　东

出版发行 中国财富出版社
社　　址 北京市丰台区南四环西路 188 号 5 区 20 楼　　**邮政编码** 100070
电　　话 010 - 52227588 转 2048/2028（发行部）　010 - 52227588 转 321（总编室）
010 - 52227588 转 100（读者服务部）　010 - 52227588 转 305（质检部）
网　　址 http://www.cfpress.com.cn
经　　销 新华书店
印　　刷 北京九州迅驰传媒文化有限公司
书　　号 ISBN 978 - 7 - 5047 - 6756 - 1/F · 2929
开　　本 710mm×1000mm　1/16　　**版　　次** 2018 年 9 月第 1 版
印　　张 11.5　　**印　　次** 2018 年 9 月第 1 次印刷
字　　数 171 千字　　**定　　价** 48.00 元

编委会

前　言

党的十九大报告指出，创新是引领发展的第一动力，是建设现代化经济体系的战略支撑。坚持创新的发展思想，既是新时代发展的内在要求，也是大有可为的广阔舞台。国内外产业转型升级的实践证明，没有科技创新能力的大幅提升，产业转型升级就不可能成功。协同创新是科技创新的有效组织模式，但当前的一般协同创新模式存在协同范围较窄、关键共性技术难突破、协同紧密度较低、运行机制不健全、体制壁垒等问题。当前，国内经济发展进入新常态，湖南省长期积累的结构性矛盾和深层次问题进一步凸显，不加快推进科技协同创新和产业转型发展，就难以实现由经济大省向经济强省的跨越。因此，推动科技协同创新，克服产业发展瓶颈问题，抓住科技协同创新带来的历史性机遇，乘势加快推进湖南省产业结构转型升级，是湖南省委省政府坚定贯彻习近平总书记治国理政新理念新思想新战略的重要实践，是关系湖南省未来发展全局的战略性举措。

对欠发达地区来说，适应经济发展新常态，实现产业转型升级发展，根本出路在于科技创新，关键要靠科技力量。湘西州地处武陵山片区，由于没有得到配套的优惠政策支持，目前经济发展总量处于湖南省后列，全州存在科技自主创新能力不强、产学研合作动力不足、科技创新投入总量偏小、科技人才缺乏等问题，已成为省际竞争、中部崛起的短板，虽然已被纳入湖南省武陵山片区区域发展与扶贫攻坚规划，但是历史上长期的扶贫政策短板导致其仍然属于发展落后梯队，均衡湖南区域发展的格局和加速中部崛起的整体进程、加强湘西州的科技协同创新刻不容缓。

基于上述目的，本书在已有研究的基础上，从科技协同创新视角，广泛借鉴国内外典型地区科技协同创新和产业转型升级的经验与启示，深入分析和研究湘西州实施科技协同创新面临的问题，探讨其与产业转型升级之间的内在机制，进而提出相应的政策措施，一方面为湘西州实现赶超发展提供决策参考；另一方面为武陵山片区区域经济发展提供样本支撑。因此本书具有较强的针对性、创新性和实践推广价值。本书的撰写体现了科研工作者对产业发展的社会责任感和严谨深入的理论思考，是结合社会经济发展实际需求开展社会科学研究的一项可喜成果。

在本书出版之际，我要向课题组全体成员表示感谢，并感谢湘西州科技局翁立志副局长付出的辛勤劳动。同时，还要感谢湖南省科技厅人事处刘萍云副处长在本书写作过程中给予的悉心指导和无私帮助。还要特别感谢中国财富出版社编辑们的大力支持。由于作者水平有限，书中难免存在一些不足之处，在此，敬请广大读者批评指正。

作　者

2018 年 9 月

目录

1 绪论

1.1 研究背景及意义

1.1.1 研究背景

1. 科技创新已经成为当下中国经济转型发展的主战略

产业转型本身就是一个创新的过程，经济学家熊彼特（Joseph Alois Schumpeter）提出：创新就是建立一种新的生产函数，把一种生产要素和生产条件的新组合引入生产体系，以获得超额利润的过程。它包括五种情况：引入一种新产品、引入一种新的生产方法、开辟一个新的市场、获得原材料或半成品的一种新的供应来源，以及实现任何一种工业的新的组织。他认为，创新既是产业演变、经济周期更替的根源，也是经济增长的主要动因。而最早使用创新驱动概念并将其用于刻画某个发展阶段的是竞争力大师迈克尔·波特（Michael E. Porter)，他把经济发展划分为四个阶段，从低到高依次为：要素驱动阶段、投资驱动阶段、创新驱动阶段和财富驱动阶段。“驱动”一词是把创新喻为发动机的引擎，是促进、推动、拉动经济增长的原动力或主动力。

从全球看，新一轮科技革命和产业革命蓄势待发，科技进步正孕育着新的经济增长点。在世界范围内，信息技术、生物技术、新材料技术、新能源技术广泛渗透，带动以绿色、智能、泛在为特征的群体性技术突破，重大颠覆性创新出现，对国际政治、经济、军事、安全、外交等产生深刻影响，甚至改变国家力量对比，成为重塑世界经济结构和竞争格局的关键。例如，美国实施再工业化战略，德国实施工业 4.0，日本实施科学技术创新综合战略，韩国实施创新经济行动计划，俄罗斯实施 2020 年前创新发展战略，欧盟实施地平线 2020 计划。依靠科技创新培育新的经济增长点、抢占未来发展制高点已成为世界发展大势，我国面临着发达国家遏制挤压和其他新兴经济体追赶比拼的双重挑战。

经过改革开放以来 40 年的快速发展，我国已经成为全球第二大经济体，但粗放的发展方式尚未从根本上改变。实现我国经济持续健康发展，迫切需要转变经济发展方式，实现经济转型升级。而要驱动经济转型升级，在提质增效等方面取得更大进展，就必须大力推进科技创新。

从国际看，全球知识创造和技术创新的速度明显加快，国际创新要素流动空前活跃、重组不断加快，以新技术突破为基础的产业变革呈现加速态势。发达国家纷纷大力推进科技创新，积极抢占新工业革命和科技革命的先机和制高点。我国必须适应国际竞争新形势，大力推动科技创新并驱动经济转型升级，力求在世界经济深度转型调整的激流中赢得先机和主动权。

从国内看，我国经济发展进入新常态，发展方式要从规模速度型转向质量效率型，经济结构调整要从增量扩能为主转向调整存量、做优增量并举，发展动力要从主要依靠资源和低成本劳动力等要素投入转向创新驱动。同时，我国经济的比较优势也发生了变化，虽然随着人口红利减少，劳动力资源的比较优势弱化，但人口素质提升等新的比较优势正在形成，为科技创新驱动经济转型升级创造了有利条件。

党的十八大报告明确提出“实施创新驱动发展战略，强调科技创新是提高社会生产力和综合国力的战略支撑，必须摆在国家发展全局的核心位置”。以习近平同志为核心的党中央高度重视科技创新，站在时代高度进行战略谋划，推动我国科技创新发生了整体性、历史性的深刻变化，取得了举世瞩目的巨大成就。当前，我们要抓住新一轮科技革命和产业变革的重大机遇，进一步提升科技创新能力，为经济转型升级提供强大驱动，有效支撑供给侧结构性改革，推动产业迈向中高端，形成新的增长动力源。习近平总书记在党的十九大报告中指出，创新是引领发展的第一动力，是建设现代化经济体系的战略支撑。并对加快建设创新型国家提出明确要求，作出具体部署。

2. 新常态下湖南省科技创新的任务更加艰巨

“十三五”时期，世界科技革命催生产业升级新变革，国家经济社会发展进入新常态，建设美丽富饶湖南，实施创新引领、开放崛起新战略，对科技创新提出了更高要求。国家战略布局提升了创新引领发展新高度，建设世界科技强国伟大目标，实施“一带一路”、长江经济带等区域发展战略，推进“中国制造 2025”“大众创业、万众创新”和“互联网+”等行动计划，科技创新从跟踪模仿跃入“三跑”并行新阶段，科技创新战略部署从“小局”向“大局”转变，依托力量从“小众”向“大众”转变，资源要素从“小投入”向“大投入”转变，需要湖南省以更加开放的姿态，充分对接国家创新发展新战略，依靠创新汇聚生产要素、培育发展新动力，发展高端产业、增创发展新优势，打造新增长点、拓展发展新空间，推动经济社会发展更具活力、更有效率、更可持续。

当前，世界各主要国家不遗余力争夺科技创新制高点，科学技术从微观到宏观各个尺度向纵深演进，创新驱动的能量不断聚集，特别是以人工智能等为代表的战略性新兴领域正孕育着前所未有的突破，全球新一轮科技革命和产业变革方兴未艾。湖南是科教大省，创新效益突出。“十二五”期间，湖南省区域创新能力从全国第 15 位升至第 11 位；2016 年、2017 年两年区域创新能力排名分别为第 13 位和第 12 位。湖南省产业结构不断优化，经济规模不断扩大，地区生产总值跨上 3 万亿元台阶，达到 3.46 万亿元，五年年均增长 8.8%。三次产业结构由 2012 年的 13.4∶47.7∶38.9 调整为 10.7∶40.9∶48.4。区域发展呈现新格局，长株潭地区生产总值占全省比重达 41.5%，洞庭湖生态经济区加快建设，湖南省承接产业转移示范效应加速显现，大湘西地区基础设施大幅改善。发展动能不断增强，非公有制经济增加值达 2.08 万亿元；工业和服务业增加值分别达 1.19 万亿元、1.68 万亿元；“四上”

企业达 3.7 万家；移动互联网企业达 3.2 万家；旅游总收入达 7172.6 亿元。2017 年年末贷款余额比 2012 年年末增长 104%；五年新增上市公司 35 家，总数达 116 家。发展效益不断提高，一般公共预算收入达 4565.7 亿元，年均增长 9.2%；城乡居民收入年均分别增长 8.7%、9.4%。可见，创新驱动战略的实施，对于湖南省经济、人民生活确实有很大的正效益。

与此同时，湖南省科技创新存在一些薄弱环节，主要表现在：科技投入严重不足，财政科技支出总量偏低、投入机制不健全，全社会科技投入与全国平均水平差距较大，难以推动全社会创新创业向纵深发展。产业创新实力不强，优势产业核心技术受制于人的局面没有得到根本性改变，前沿性和战略性技术研发能力不足，产业创新链尚未形成，产学研结合不紧密，成果转化机制不健全，技术链难以延伸、产业链难以壮大、价值链难以提升。科技创新基础不牢，高层次研发人才不足，国家级创新团队和创新联盟仍然较少，国家级和省级重点实验室、工程（技术）研究中心、企业技术中心等科技创新创业平台建设标准不高，开放共享度不大，高新区、科技园区等实力总体偏弱。科技体制机制不完善，创新链、产业链、资金链、政策链相互之间的衔接不顺畅，科技资源部门分割、条块分割问题尚未得到有效解决，集聚度与共享度不高，闲置与紧缺并存，重点不突出与普惠不明显并存，以科技创新质量、贡献、绩效为导向的评价体系不健全，以增加知识价值为导向的分配政策尚未建立，研发费用加计扣除、科研人员成果转化收益分享等政策落地还需破解障碍。

3. 欠发达地区实现产业转型升级必然依靠科技创新

习近平总书记指出："实施创新驱动发展战略，是应对发展环境变化、把握发展自主权、提高核心竞争力的必然选择，是加快转变经济发展方式、破解经济发展深层次矛盾和问题的必然选择，是更好引领我国经济发展新常态、保持我国经济持续健康发展的必然选择。"科技的重大突破往往引发产业的重大变革。不创新就要落后，创新慢了也要落后。由于产业转型涉及因素众多，需要通过产生不同层次和方向创新的协同效应，引发产业体系的有序演化，形成较高层次的有序结构。在这其中，科技创新尤其成为决定转型能否成功的关键因素，没有科技创新能力的大幅提高，欠发达地区的产业转型升级就无法成功实现，而且越是对科技创新能力要求高的产业转型方式，所实现的转型程度也就越为彻底。无论是依靠自主创新发展新兴产业，继而实现欠发达地区转型；还是依靠产业转移来发展新兴产业，推动欠发达地区实现转型，都离不开对科技协同创新能力的培育。忽视了科技创新能力的培育，就无法实现欠发达地区的根本转型。

湘西州地处武陵山片区，经济发展总量、质量、均量均处于全省后列，已成为省际竞争、中部崛起的短板，区域经济发展亟须取得突破，但新技术革命加剧了发达地区与欠发达地区的经济和知识差距，欠发达地区实现赶超发展变得愈加困难。从省内和州内看，通过科技创新催生新兴业态，成为欠发达地区实现跨越发展的重要抓手。当前，整个湖南省包括湘西州在内正处于加快发展、与全国同步全面建成小康社会的关键时期，转变经济发展方式、加快产业转型升级、提高经济运行质量和效益，必须依靠科技创新。在一些科技创新领域，湘西州与省内其他州市处于同一起跑线上，加快推进科技进步与创新，不仅是湘西州应对挑战、抢占先机的需要，更是缩小与省内先进州市差距的需要。湘西州过去依靠大量投入资源要素和消耗环境的经济发展方式已经难以为继，依靠科技创新提升传统产业、培育新兴产业和新型业态，将成为今后一个时期实现经济更好更快发展的必然选择。

4. 新时代湘西州经济发展的新机遇

(1) 国家和省重大战略实施带来的机遇。2013 年年底，习近平总书记视察湖南省时提出“一带一部”的战略定位，要求湖南省发挥东部沿海地区和中西部地区过渡带、长江开放经济带和沿海开放经济带结合部的区位优势，抓住产业梯度转移和国家支持中西部地区发展的重大机遇，提高经济整体素质和竞争力，着力推进经济持续健康发展，加快形成结构合理、方式优化、区域协调、城乡一体的发展新格局，这是湖南省实现科学发展的重要途径，也是湖南省必须紧紧抓住并充分利用好的重大机遇，省委、省政府做出了实施建设创新型湖南行动计划和加快构建湘中经济圈的决定，既为湘西州经济社会发展提供了重大历史机遇，也为科技事业的发展创造了良好的条件。今后一段时期是湘西州跨越发展的关键时期，经济社会发展对科技的需求将更加旺盛，为湘西州科技发展带来新的生机与活力。

（2）深化改革带来的机遇。党的十八届三中全会作出了全面深化改革总体部署，其中科技体制改革就是国家着力推进的重点改革之一。近年来，中央和省在加快国家创新体系建设、深化财政科技计划管理改革、加快科技服务业发展、科研基础设施和大型科研仪器向社会开放等方面密集出台了指导意见。湘西州在“十三五”期间结合湘西州实际，制定具体实施方案，推进科技体制改革，破除一切制约科技创新的思想障碍和制度藩篱，进一步激发创新活力，释放创新激情，推动大众创业、万众创新。

（3）湘西州发展定位带来的机遇。习近平总书记在湘西州视察时所作的重要指示，站位高、立意深、要求实，为湘西州加快发展、脱贫致富指明了方向，提供了遵循。湘西州抢抓“一带一部”战略机遇，实现湘西州发展的战略目标，最根本的是要实现发展方式的转变，推动产业转型升级，最关键的是要依靠科技的力量，最核心的是要大幅提高自主创新能力，推动经济社会走上创新驱动、内生增长的轨道。这就为湘西州科技创新提供了更大空间和动力，未来五年是科技创新大有作为的五年。

1.1.2 研究意义

1. 理论意义

（1）丰富相关研究理论。一方面，目前国内对科技协同创新和产业转型升级的研究已有很多，但是将科技协同创新与产业转型升级问题相结合起来进行研究的较为鲜见；另一方面，科技协同创新的已有研究大多以创新资源比较密集的区域或产业园区为研究对象，而对欠发达地区这一特殊类型科技协同创新的研究尚不多见。因此，本书既丰富了科技协同创新理论，又为产业转型升级研究提供了新的研究视角。

(2) 为科技协同创新推动产业转型升级提供了研究范式。当下，中国已把实施科技创新作为当前及以后相当长一段时期内促进经济内生增长的发展战略，西方发达国家已经步入科技创新发展的阶段，因此在理论构建上，西方学者的研究更多集中在科技创新推动产业转型完成后的一些问题上，而对如何实现科技协同创新驱动产业转型升级，缺乏深入的理论分析。本书选择产业结构矛盾突出、产业转型升级障碍较大、依靠科技协同创新推动产业转型升级更为迫切的湘西州为研究范例，结合对其科技协同创新的考察，构建区域、产业和企业科技协同创新推动产业转型升级的统一分析框架，深化对科技协同创新推动战略实施的理论探索，为该领域的研究提供范式。

(3) 丰富了欠发达地区加快推动传统产业转型升级的研究样本。经济欠发达地区与其他地区相比，产业转型发展既存在对生态环境胁迫的共性，又具有不同发展路径的特性。本书选取湘西州作为样本进行研究，对进一步丰富欠发达地区产业转型升级的研究类型具有一定的补充意义。

2. 实践意义

(1) 探索建立产业转型升级的动力机制。目前对产业转型升级的研究多集中于产业结构的调整，通过定性或定量方法选择新的主导产业，并围绕该主导产业重构产业系统。实际上，产业转型升级不仅只是主导产业选择问题，还需要破解产业转型的深层次矛盾问题，依靠政府推动、创新驱动、市场互动来增强产业转型升级的内生动力和活力。本书以系统动力学、产业经济学、产业生态学和国家竞争优势理论为理论基础，以期从科技协同创新角度研究如何整合协同各种创新要素，增强科技创新驱动力，推动产业转型升级。

（2）为欠发达地区产业转型升级实践提供样本支撑。在建立现代产业体系的背景下，产业集群化、融合化和生态化是现代产业发展的主要特征，科技进步对经济增长的贡献率高是主要内涵，实施科技协同创新是建设现代化经济体系的战略支撑。同时，更是产业转型升级的方向和要求。本书的目的在于分析欠发达地区产业转型升级的环境和特征，探究影响实现产业转型目标的关键因素，剖析这些因素与科技协同创新要素之间的关系，探索科技协同创新要素推动产业转型升级的作用机理，以此指导欠发达地区产业转型升级政策制定和实施决策。

（3）为欠发达地区的产业转型升级提供政策依据。无论是关于产业转型理论的研究还是实践都证明，政府的制度安排、政策制定成为产业转型发展的关键，本质都属于制度创新推动层面的动力因素。因此要制定科学、合理、有针对性的产业转型政策，就需要以科学的理论和方法为依据，以产业成长、演化和升级的过程为规律。因此，本书的另一目的是将理论研究融入决策实践，以科技协同创新理论为分析框架，以湖南省欠发达地区湘西州为案例研究对象，揭示产业链延伸和接续产业培育的规律，研究其产业转型升级的路径、方法和策略，从而为经济欠发达地区政府部门政策制定提供参考依据。

1.2 文献综述

1.2.1 协同创新研究现状

1. 协同创新概述

（1）内涵方面，国内外学者基于不同视角对协同创新的内涵进行界定，尚未形成统一的表述。杨耀武（2009）指出协同创新是组织内部各要素的有机整合和合作创新的过程。陈劲等（2012）认为协同创新是不同创新主体通过资源优化配置实现整体协同效应的过程。王中拓（2012）指出协同创新是不同创新主体知识的交互、转换、积累、再创造过程。刘丹等（2013）则基于复杂网络理论，认为协同创新是指通过系统内各主体的相互协作和各要素的自由流动完成技术创新的过程。总之，协同创新可以理解为不同要素（主体）间的合作与整合过程，以创新为中心，优势共享，共同协作。

（2）动因方面。企业协同创新的动因大致可分为：①资源共享和优势互补，协同创新可有效帮助企业获取外部优势资源，弥补自身不足，创造相对优势；②共摊成本和共担风险，协同创新可使企业与合作伙伴形成战略联盟，通过资源整合降低创新风险，共担创新成本；③提升创新能力，协同创新可极大推动企业研发进展，加速企业知识积累，从而提高自身创新水平和创新绩效。

（3）运行机制方面。张青（2013）分析了协同创新过程中社会、价值、知识三个网络间的运营机理。苏屹（2013）基于系统科学视角研究了协同创新体系的演化进程。周佩等（2013）构建了多元化企业协同创新网络运行模式，以期提高企业创新能力、增强企业竞争优势。刘晓云（2015）以制造业为研究对象，构建了集动力、供给、信任、保障为一体的企业协同创新运行机制，促进了产业协作发展。白俊红（2015）认为协同创新可以分为直接主体之间的协同以及间接主体与直接主体之间的协同，将两者综合起来考虑，有利于从整体上更为全面地揭示区域创新系统的运行机制与协调过程。赵玉林（2018）分析了技术与制度协同创新作用机制，通过构建高技术产业制度创新指数，运用联立方程模型实证了技术创新与制度创新的协同关系，并测算了两者对高技术产业升级的协同效应。

（4）影响因素方面。汤姆林森（Tomlinson，2010）认为地理临近性有利于企业间知识和信息的沟通交流，促进企业间协同创新的产生。福塞特（Fawcett，2012）等指出信任是协同创新的关键和核心，对协同创新产生积极影响。曾赛兴（2010）等认为沟通是创新目标实现的关键路径，企业间通过沟通化解矛盾、加强合作，推动创新管理和绩效提升。马丁内斯（Martinez - Roman，2010）等指出了政府政策、外部环境等对企业协同创新的重要影响，政府扶持有利于协同创新的开展。此外，创新能力、知识运用、信息技术、网络结构等也是影响协同创新的重要因素。

(5) 对策建议方面。肖鹏等（2013）系统考察了企业间协同创新存在的问题，并在制度、平台、文化、中介建设等方面给出了解决对策。陶春（2013）以欧盟、日本、美国为例阐释了不同国家企业协同创新的发展路径，以期指导我国实践问题。吴绍波等（2014）以战略性新兴产业为研究对象，提出了构建内部、外部多主体共同治理模式，保障协同创新的实现。王金萍等（2016）通过研究美国协同创新网络的实践经验，指出应从战略、主体、保障三个层面制定措施，以推动协同创新发展。

(6) 绩效评价方面。国内外学者提出了诸多指标体系和评价方法，为研究提供参考。巴尔巴鲁（Barbaroux，2012）认为应从资源共享、知识管理、自我适应三方面对企业协同创新能力进行评估。西马图庞（Simatupang，2005）等则基于共享、决策、激励角度建立指标体系。巴格瓦特（Bhagwat，2007）等分别基于不同的研究视角、针对不同的研究对象、采用不同的评价方法对协同创新绩效问题进行了分析评估。杨浩昌（2018）实证分析了协同创新对制造业经济绩效的影响，并对其区域差异进行了相关比较，研究结果表明：协同创新对制造业经济绩效具有一定的挤出作用。曹允春（2018）从影响科技服务业和制造业协同创新的因素入手，构建复合系统协同度模型，将 16 个指标分为 3 个子系统，对 2005—2015 年我国科技服务业与制造业协同创新程度进行了评价。

(7) 伙伴选择方面。布切尔（Büchel，2013）通过实证研究归纳了影响合作伙伴选择的关键要素，包括信任度、学习性、互补性、适应性等方面。喻金田等（2015）则指出了合作伙伴的主体能力、知识共享和兼容性对于协同创新的重要作用。此外，薛伟贤等（2010）、朱雪春等（2014）、张树山等（2014）分别利用遗传算法、主成分投影法、

TOPSIS法评估了合作伙伴的协同能力，为企业选择合作伙伴提供了依据。

（8）绩效分配和风险控制方面。收益伴随着风险，协同创新过程中需要建立合理的绩效分配机制，共享收益，共担风险，杜绝机会主义的产生。张巍等（2008）认为Shapley模型可有效调动各主体协同创新的积极性，目前已被广泛应用于协同创新的收益分配。同时，通过对协同创新内、外部风险因素的识别与分析，充分做好协同创新投入、运营、产出过程的风险防范与控制，以期实现协同创新的顺利实施。

2. 协同创新模式研究现状

协同创新按照不同的实现路径可以划分为内部和外部两种创新模式。内部协同创新是指创新组织本身，以创新为目标，通过组织内部各要素间的协同作用共同完成。外部协同创新是指创新主体与其他主体间的协同作用。

（1）内部协同创新。内部协同创新包括企业内不同人员、部门、要素间的协作交流，其中又以要素协同研究为重点。例如：弗兰巴赫（Frambach，2002）等基于实证调查指出企业内员工教育、专业等方面的差异有利于企业协同创新。柯林斯（Collins，2006）等认为通过企业内员工间的知识共享可有效提高企业创新绩效。达曼普尔（Damanpour，1996）进一步分析了企业内不同部门间的沟通合作对于企业创新发展的积极影响。郑刚等（2008）系统地讨论了企业创新过程中技术、市场、文化、战略、组织、制度等要素的协同过程。陈劲等（2006）重点阐述了企业内核心要素技术和市场的协同机理。白俊红等（2008）着重分析了技术、文化、组织、制度、战略的协同作用对企业创新绩效的影响。王君华等（2015）基于TRIZ理论通过实证分析提出了企业内部协同创新的运行机制。尚航标等（2016）利用行为学理论，研究了跨部门知识共享对于企业协同创新的正向作用。

（2）外部协同创新。随着全球化和信息化的发展，关于协同创新模式的发展重点逐渐偏向外部协同创新，企业通过与其他创新主体间的交流合作，可以更好地进行资源共享和优势互补，推进企业协同创新。外部协同创新分为横向和纵向两类。

横向协同创新集中于对企业与企业、高校、科研院所、政府、其他中介机构等创新主体间的协同效应进行分析，其中尤以产学研协同创新为重点。陈晓红等（2006）以中小企业为研究对象，探讨了多主体协同创新的特征和运行机制。何勇等（2007）、张巍等（2008）、王小磊等（2009）分别考察了供应商和销售商间，供应商、制造商和销售商间，企业和客户间的协同创新问题，通过挖掘客户需求、客户信息共享和研发流程改善，提高企业创新效果。王国红等（2012）利用系统动力学模型考察了各主体间的因果关系和作用机理。黄晓霞等（2015）通过案例研究指出了项目治理是多主体协同创新的重要实现路径。纵向协同创新集中于对产业链中不同功能主体间的协同效应进行分析。周永根（2018）研究科技计划和科技标准协同创新模式，并结合我国科技计划、科技经费与财务标准协同情况进行分析，提出我国科技计划和科技标准协同创新建议。

3. 产业链协同创新研究现状

产业链协同创新问题一直是国内外学术界的研究热点，相关学者从不同角度对产业链协同创新问题进行了较为系统的分析与研究。

（1）理论基础与组织架构方面。涅托（Nieto，2007）等通过对西班牙制造业的实证分析发现协作网络结构是影响产业链中企业协同创新的关键。萨埃塔（Saetta，2013）等在探究协作网络内涵、优势及运行机理的基础上，重点指出了协作网络组织结构对于提升产业链整体创新能力的重要性。吴绍波等（2013）通过模型构建和理论分析探讨了创新生态系统对于产业链协同发展的重要作用及激励路径。

（2）优化整合与创新模式方面。法利亚（PD Faria，2010）等认为产业链中企业协同创新活动顺利实施的关键在于合作伙伴的选择，并给出了有效评价合作伙伴的方法。严北战（2011）基于产品链、价值链、知识链视角探究了产业链优化升级的路径和协同创新的机理。黄磊等

(2014) 利用 ARDL 模型研究全产业链协同创新的行为模式，并结合苹果公司创新案例进行了实证分析。连远强 (2015) 探讨了产业链协同创新体系共生演化问题，考察了联盟企业关系的稳定性。

(3) 影响因素与实现途径方面。马萨 (Massa，2008) 等通过对意大利中小企业的实践调研，从企业家、学者和政府三种不同的视角分析了产业链中企业协同创新的影响因素。李宇等 (2014) 利用调研数据考察了产业链协同创新驱动因素与企业创新效果间的相关关系，为政府政策制定提供启示。欧文 (Owen，2008) 等详细介绍了 IBM 咨询公司提出的 ABC 框架，即通过企业间协同一致、边界及承诺的实施，实现产业链协同创新。张伟 (2013) 以资源型产业链为研究对象，基于理论研究和案例分析提出了实现产业链协同发展的路径措施。李峰 (2017) 对雄安新区与京津冀协同创新的路径选择进行了研究。

(4) 处理冲突和合作问题方面。博弈论作为处理冲突和合作问题的分析工具，也已被运用于产业链协同创新的研究中。班德亚帕德耶 (Bandyopadhyay，2007) 等利用博弈理论研究了产业链中企业间的知识共享问题，结果表明双方知识的互补性越强，协同创新所创造的收益越高。Ding X. H. 等 (2010) 基于 Stacklberg 模型框架研究了知识外溢对产业链协同创新体系的影响，并给出了促进企业协同创新的对策建议。Li Y. M. 等 (2010) 运用博弈思想考察了产业链中企业知识共享的影响因素和决策行为，探究了优化产业链协同发展的激励机制。夏尔马 (Sharma，2013) 等利用博弈方法探讨了产业链中的企业行为对产业链知识存量的影响，分析结果为企业决策提供了支持。翁莉等 (2009) 采用 Stacklberg 模型研究影响产业链中企业知识共享的关键因素，并基于此提出了相应的对策建议。于斌斌 (2011) 运用演化博弈模型考察了产业链协同发展的优化整合问题，并揭示了产业链中企业间的对接机制。邹艳等 (2011) 基于 Stacklberg 模型比较三级供应链中企业独立研发策略和合作创新策略的均衡结果，阐释了纵向合作的必要性。田巍 (2012) 以供应商为核心，基于博弈理论探寻了供应商独立创新、产业链协同创新及委托第三方创新三种模式的收益状况，为企业合作提供了理论依据。刘志迎等（2012）对产业链中制造商和供应商不同博弈情形下的收益状况进行了比较分析，结果表明协同创新是帕累托最优的。杜欣等（2013）利用博弈模型研究了产业链中核心企业和配套企业在不同创新情形下的利润函数，并提出了收益分配机制以推动产业链协同创新的顺利进行。李纲（2014）在文献的基础上进一步考察了垂直溢出对产业链协同创新的影响。褚敏（2018）基于协同创新视角来考察长三角城市群的发展战略，首先以全球视野审视当前主要的五个世界级城市群基本情况，进而分析长三角城市群的创新驱动潜能，提出了一个包含空间协同和产业生态协同在内的长三角城市群协同创新发展的战略框架。

4. 产学研协同创新研究现状

国外学者对于产学研协同创新问题的研究起步较早、成果丰富，主要利用实证分析方法，认为产学研协同创新是推动一国科技创新的重要动力，是促进企业创新发展的关键要素。例如：埃茨科威兹（Etzkowitz，2000）等利用三螺旋理论阐释了产学研协同创新体系的运行模式。乔治（George，2002）等通过对上市生物技术公司的实证调查，指出产学研协同创新有利于降低企业研发费用、提高企业创新效率。桑托罗（Santoro，2002）等揭示了产学研协同创新对企业绩效的重要意义。蒙洪（Monjon，2003）等基于法国企业层面数据评估了产学研体系中大学和企业相对贡献率的大小。关承健等（2005）通过对北京市企业的调查研究，表明当前我国产学研协同创新对于企业技术创新的影响较弱。弗雷尔（Freel，2006）等利用英国企业的实证数据，得出产学研创新网络对企业产品创新和流程创新产生积极影响的结论。冈村（Okamuro，2007）等借助日本企业的原始数据，考察了影响产学研协同创新的关键因素。贝克尔斯（Bekkers，2008）等运用聚类分析方法探讨了不同产学研合作模式和动力机制的差异。严（Eom，2010）等以韩国为例，研究了政产学研协同创新的决定因素，以及其对企业绩效的影响。

国内学者对产学研协同创新问题的研究虽起步较晚，但发展迅速，主要可归类为理论架构和合作模式、影响因素和对策建议、内在机理和运行体系、创新绩效和管理机制四个方面。

（1）在理论架构和合作模式方面。何郁冰（2012）基于对产学研合作的研究综述，提出了战略—组织—知识三位一体的理论模型。陈云（2012）通过对产学研合作概念的辨析，构建了三主体—三辅体的范式研究体系。鲁若愚等（2012）以广东省实践调研为基础，对产学研合作模式类型进行了有益探索，以便为其他地区提供借鉴。张瑜等（2013）针对产学研协同创新的网络模式考察了其运行机制和结构功能。刘芳芳等（2015）利用社会网络理论，研究了目前我国产学研合作的现状和特征。

（2）在影响因素和对策建议方面。申俊喜（2012）以战略性新兴产业为研究对象，给出了产学研合作的实施路径。肖丁丁等（2013）借助广东省企业的面板数据，评估了企业产学研合作的创新效率及影响因素。刘炜等（2013）利用 probit 模型，考察了影响产学研合作的关键因素及其作用强度。胡冬雪等（2013）以产学研协同创新的法律需求为切入点，探讨了促进我国产学研合作的立法构想。张秀峰等（2015）重点考察了企业所有权性质对产学研协同创新体系运行绩效的作用。曹霞等（2015）利用扎根理论探寻了影响产学研协同创新的主要因素，并提出了解决方案。

（3）在内在机理和运行体系方面。周正等（2013）考察了产学研协同创新系统的形成条件，分析了系统的动力因素及其作用机理。涂振洲等（2013）通过研究产学研合作中的知识管理问题，探寻了知识在企业和高校、科研院所间流动的内在机理。原长弘等（2015）采用单案例研究方法，系统考察了政产学研合作对提升企业竞争力的影响机制。王帮俊等（2015）基于界面管理模型，探讨了产学研合作的内部联结机制。曹薇（2015）基于复杂适应系统理论研究了产学研协同创新体系的运行机制。白俊红等（2015）主要分析了政府对产学研协同创新系统的作用机理。王萧萧（2018）分析了 38 家教育部认定协同创新中心组建过程中牵头单位和协同单位的结构分布及平台特征，并对省级协同创新中心类型、牵头高校属性等特征进行了分析。郑文范（2018）认为产学研协同创新的实质是打造科技生产关系，在科学技术成为第一生产力条件下形成的科技生产关系具有二重性特点，即生产关系的共性（内容构成）与科技生产关系的特性（功能构成）。

（4）在创新绩效和管理机制方面。为了构建有效的管理机制、保障产学研顺利运行，马亚男（2008）借助多任务委托代理模型分析了产学研协同创新的最优收益分配区间。顾佳峰（2008）着重分析了如何降低产学研协同创新中的交易成本。曹霞等（2015）借助 Agent 模型和 Netlogo 仿真，陈光华等（2015）、张秀峰等（2015）采用负二项分布模型，金惠红等（2015）基于结构方程模型，张学文（2014）利用线性回归模型，分别考察了产学研协同创新体系中不同要素对创新绩效的影响。何春明（2017）从政府、企业、高职院校及科研院所间的合作角度对如何开展协同创新进行了分析，结合协同创新的特点，分析当前影响协同创新的因素，最终通过机制的构建来实现政产学研的有效协同。王帮俊（2018）通过构建评价产学研协同创新绩效的投入和产出指标，运用因子分析法提取出学研方创新能力、企业方创新能力和协同创新协同度 3 个协同创新绩效主因子，并根据每个因子的贡献率/累积贡献率确定其各自权重；进而通过产学研协同创新绩效评价结果，总结得出各区域协同创新现状及存在问题，有针对性地提出相应的解决方案，从而为国家创新系统整体绩效的提升服务。

随着博弈理论的发展和广泛应用，一些学者开始将其引入产学研领域的研究之中。陶丹等（2009）基于企业和高校的博弈分析，探讨了双方的策略选择和政府的作用机制。詹美求等（2008）、鲍新中等（2010）、刘勇等（2015）利用博弈理论，建立了产学研协同创新的收益分配模型，分析了双方成本分担和利益分配的问题。卢方元等（2015）、陈劲等（2014）、罗小芳等（2014）运用演化博弈模型，研究考察了产学研各方的动态演化过程。

1.2.2 科技创新研究现状

1. 科技创新价值取向研究现状

我国技术活动的历史甚为悠久，甚至在古代时期就已经产生了对技术活动的价值评议。著名哲学家涂又光教授在研究楚国哲学史的过程中，认为《老子》是中国古代最早论及科学技术的著作，当中更是包含丰富的技术价值论思想。老子的“无为”思想也贯穿其技术思想的价值取向当中，他在认可技术带来的正面的社会影响的同时，更多地排斥技术活动，认为“民多利器，国家滋昏”“人多技巧，奇物滋起”，民智、技巧等将阻碍国家统治和社会和谐。老子的“无为”思想在技术发展上的最高境界是“大制不割”和“有而不用”，实现自然无为的生态化技术效果，达到“自然—技术—人”的高度统一。此外，庄子在肯定了技术给人们带来便利和物质利益的同时，质疑了技术活动对自然生态环境的负面影响。老子与庄子对技术负价值的思考，与现代的生态科技创新思想有异曲同工之效。

在现代，我国也有部分学者对科技创新的价值取向问题展开讨论，而且基本转而认同科技创新的正价值。李周（1998）提出人类目前面临的危险并非资源的稀缺性，而是资源利用效率的科技创新能力，人类的历史需要通过科技创新实现真正的可持续发展。孟庆国、张玉新、侯世昌、胡鞍钢等（2001）指出传统的科技创新与可持续发展存在一定的矛盾和对立，需要对科技创新进行必要的整合，构建可持续发展的科技创新（Sustainable Technology Innovation，STI)，实现科技创新与可持续发展在经济目标、社会目标和环境目标三者间的相互协同。彭福扬、曾广波、兰甲云等（2004）指出我国目前经济的跨越式发展与科技创新密切关联，为了加快社会主义现代化建设，应正视科技创新带给社会发展的消极影响，与时俱进，把社会效益纳入科技创新目标体系。在实现科技创新经济价值的同时，也要关注社会价值、生态价值。陈若松（2004)、周建锋（2005）提出科技创新可以为人们的生活带来便利，但是科技创新也会带来失业、环境污染等负面问题，因此需要对科技创新进行全面反思，力求通过选择正确的科技创新道路，实现充分就业和可持续发展两大目标，确保科技创新道德在保证科技创新的最终目标上，人、社会和自然的全面协调发展。王小鲁（2009）、陶长琪和齐亚伟（2010）等利用内生增长模型等检验了科技创新对全要素生产率的影响，研究结果显示科技创新对经济增长起着重要作用，其对经济增长方式的转变和增长的可持续性具有正向价值。同时，唐未兵、傅元海、王展祥等（2014）通过运用动态面板广义矩（GMM）模型对我国1996—2011年28个省区数据进行评估，认为由于机会成本、引进技术的路径依赖和研发的逆向溢出等原因，当前的科技创新与经济增长集约化水平负相关，但模仿创新对经济增长集约化水平具有显著的正面作用。芦锋（2015）基于2003—2013年的29个省区（除西藏、新疆）的面板数据，运用面板模型分析科技金融对科技创新的影响。将科技创新分为3个阶段，而且将科技金融分为公共科技金融和市场科技金融，同时把全国29个省区分为东、中、西部分别进行分析。陈劲（2018）在总结中国科技创新成就的基础上，构建了科技创新强国评价核心指标，比较分析了美国、德国、英国、日本和印度五个典型科技创新强国发展战略。在此基础上，设计了一条符合中国国情的科技创新强国实现路径，即一条介于“基础研究和核心技术供给路径”与“需求引致的科技创新路径”之间的中间路径，破解了“转折点”处实现超越的有效途径，并提出相关的支撑体系。刘兰剑（2018）从经济发展不同阶段的科技政策入手，分析了日本科技创新能力构建的演变及其构建机制。

2. 科技创新的理论研究现状

21世纪，科技作为第一生产力，在一国经济社会发展中的作用日益凸显，而创新是科技进步的源泉和保障，成为各国提升国家实力和国际地位的重要砝码。在日趋激烈的市场竞争中，企业仅靠自身的知识体系和技术范畴，已无法满足复杂多样的创新需求，科技协同创新成为企业创新发展的必然选择。目前，针对科技协同创新问题的研究已经引起国内外学者的高度关注和广泛讨论，形成了丰富的研究成果和框架体系。

菲利普·库克（Philip Cooke，1992）率先提出“区域创新系统”一词，区域协同创新开始走进人们的视野。拉多舍维奇（Ra－dosevie，2002）从领导者、关键因素及技术联盟三大立场出发构筑了一套全新的结构模型，此模型囊括了以下四要素：微观级要素、行业级要素、区域级要素、国家级要素。安德森（Andersson，2002）在拉多舍维奇成果的基础上进一步提出：科技协同创新体系里最核心的要素即创新联盟，创建了一种以创新联盟为中心的科技协同创新体系新模式。梅杰斯（Meijers，2005）认为科技协同创新要求提升地方政府的组织能力，即通过制度化的合作框架、协议和机制促进区域持续创新。

国内对区域科技协同创新的探讨时间并不长。许彩侠（2012）通过借鉴西方区域协同创新经验，提出了针对我国的区域协同创新机制。齐绍平和张婧（2013）在分析区域协同理论源头的基础上，提出区域协同创新的动力来源于服务模式、利益分配、资金投入、评估监控四个方面。庄新霞和庄惠明（2013）以福建省区域协同创新过程中遇到的困难为基础，研究了实施区域战略产业选择的指标机制。王志宝（2013）认为将来区域协同创新的核心研究方向将向区域协同创新主体、运用及动态演化等方向发展。程强（2016）通过对科技创新与传统产业的耦合分析，以及科技创新驱动传统产业的作用机理分析，提出了科技创新驱动传统产业转型升级发展的路径。毕娟（2016）通过抽样调查和结构方程方法构建三阶递归模型，从驱动机制、支撑机制、链接机制、保障机制四个方面提出了京津冀科技协同创新对策建议。叶松（2017）对长江经济带的科技资源集聚和协同创新的现状和问题进行了研究，并从政府、企业、高校等方面提出相应的解决方法。林良（2018）以江西省为例，在对协同创新体的内涵及其参与主体、特点和优势、运行机制等理论层面探讨的基础上，从组建条件和目标、运作模式、资金扶持方式以及管理体制机制等方面总结分析了改革实践中的做法。刘汉初（2018）构建科技创新效率综合测度指标体系，利用阿尔蒙法分布滞后模型引入科技创新的滞后效应，并采用可变规模报酬 VRS 模型，评估中国 30 个省区单元的科技创新有效的累计投入规模和创新效率，揭示创新效率的变化趋势及空间分布规律，根据投入规模和创新效率两个维度划分出科技创新发展类型区。顾伟男（2018）以我国 35 个中心城市为研究对象，运用熵值法与主观赋值法相结合、变异系数、相对发展指数、耦合协调度模型等分析区域中心城市的科技创新能力的演变特征、与经济发展水平的关系、提升路径等。戚湧（2018）界定了科技金融内涵，揭示了科技金融与科技创新的相互作用机理，利用统计数据对我国和江苏省科技金融与科技创新各变量进行了单位根检验、协整检验和格兰杰因果关系检验。

3. 湘西州科技创新的研究现状

刘冬荣（2009）在对区域产业结构转换能力诱因系统分析的基础上，采用主成分分析法分析了湖南省 14 个市州的产业结构转换能力。结果表明：湖南省产业结构转换主要依靠增加资源消耗和投资增长，尚未实现向主要依靠科技进步、劳动者素质提高转变；全省各市州产业结构转换能力的空间极化现象突出，并具有侧“工”字形空间结构特征；增强产业结构转换能力，对湖南省培育新的经济增长极、促进区域协调发展，都具有重要的意义。张琰飞（2011）针对湘西州发展低碳经济面临的制约要素，提出可从宣传低碳消费理念、调整优化产业结构、构筑低碳技术创新体系、加强低碳人才培养和完善低碳政策体系等方面进行解决。阳立高（2014）基于欠发达地区技术创新能力的基本特征，重点考虑技术外溢与模仿创新对促进欠发达地区技术进步的作用，构建欠发达地区技术创新能力评价指标体系，运用熵权法评价湘西地区技术创新能力，结果发现：湘西地区技术创新能力整体水平较低，地区间发展不平衡，创新能力的各影响因素之间不协调、短板效应明显；鉴于此，应实施差别化的区域、产业、知识产权政策等，破除创新短板、汇聚创新要素，推动欠发达地区技术创新。余华（2015）以大湘西地区为例，分析建立新型农村科技创新服务体系的现实条件，探寻合适的农村科技创新服务提供模式，提出构建新型农村科技创新服务体系必须明确发展目标和创新优势、进行科学的运营与管理、强化科技服务质量管理和绩效评价、创新政策支持和投入机制。

1.2.3 产业转型升级研究现状

1. 产业转型升级的影响因素研究现状

1）国外研究现状

产业转型升级需要在技术进步的基础之上，经过产业结构优化、经济效益提升、综合素质提高等多方面努力，最终实现产业链从低附加值向高附加值、发展方式由粗放型到集约型的转变（亨德森，Henderson，2002）。综合现有国外研究来看，国外学者认为导致产业转型升级的因素主要有三类：技术因素、金融因素以及政策因素。

(1) 技术因素。关于技术推动产业转型升级，通常有两种视角：一是从企业角度出发，认为一项新技术可以降低企业生产成本、提高生产效率，新技术在企业间的普及与推广带动整个产业进化。亚瑟(Arthur，1989）认为技术创新可以提高企业经济效应，进而推动整个产业的技术变革。汉弗莱和施米茨（Humphrey 和 Schmitz，2002）认为企业通过获取和掌握一些新技术，可以提升企业产品的科技含量和市场竞争力，有助于企业迈入产业链高端位置。阿格斯·胡（Agz Hu，2005）等在研究企业内部研发和技术转让的交互作用对制造业影响时，发现二者的交互作用可以显著提高制造业生产效率。二是从产业角度出发，认为技术直接促进产业升级。安东内拉（Antonell K，2006）认为技术变革和产业发展存在相互作用，即技术变革影响产业发展动态，产业动态反过来又会影响技术变革的速度和方向。皮萨里德斯(Pissarides，2007）认为随着行业内技术的进步，行业劳动生产率和行业规模都会得到显著提高，整个行业的地位得以提升，从而促进产业结构优化。安德斯（Anders，2014）等在研究区域产业优化和工艺革新时，发现信息和通信技术（ICT）产业可以促进产业转型升级。

（2）金融因素。国外关于金融与产业结构之间关系的理论研究和实证研究非常多。戈德史密斯（Goldsmith，1969）构建起金融发展理论的基本体系，研究发现金融发展能够直接促进经济发展、产业结构优化。加尔维斯（Galbis，1977）认为金融市场的资金配置方式可以促进社会资源从低效率部门流向高效率部门，加速产业结构转变频率。拉扬和津加莱斯（Rajan 和 Zingales，1996）从企业融资角度出发，发现金融发展对行业成长有明显的促进作用。菲斯曼（Fisman，2003）通过实证研究发现，金融可以推动产业结构优化，金融业发展水平与产业结构升级程度联系紧密。安佐拉多斯（Anizoulatos，2011）等利用 29 个国家 28 个部门的面板数据，通过协整分析方法研究金融结构和产业结构的关系，发现二者存在长期关联关系，金融发展推动产业技术进步，进而推动产业结构升级。

（3）政策因素。政策因素在产业转型升级中发挥着越来越重要的作用。日本学者关于产业政策对产业结构的影响研究相对较多。约翰逊（Johnson，1982）在研究日本通产省产业政策对日本重化工业发展的影响时，发现产业政策对提升日本重化工业的国际竞争力有显著效果。伊藤阳一（Lto，1992）发现产业政策对提高产业部门的生产效率非常明显。帕克（Park，2009）等认为节能减排政策可以提高制造业部门的能源利用效率和经济发展水平。克里斯库洛（Criscuolo，2012）等发现政府财政补贴可以正向提高某类企业绩效。阿吉奥（Aghio，2012）等通过 1998—2007 年中国工业数据进行实证研究，发现竞争性产业政策可以提高产业生产效率。

2）国内研究现状

国内学者认为产业结构转型升级的影响因素主要有对外贸易、技术进步、金融支持、城镇化发展和保障机制五个方面。

（1）对外贸易。蓝庆新和田海峰（2002）定义了对外贸易结构与产业结构变化的指标，实证研究发现二者之间存在显著的线性关系。王恺伦（2006）通过1990—2003年数据，实证发现中国对外贸易与产业结构存在显著相关性。马章良和顾国达（2011）利用1980—2009年数据分析我国对外贸易与产业结构间作用渠道之间的关系，研究发现，进口和出口贸易对三次产业均有影响。孙晓华和王昀（2013）分别通过半对数模型和结构效应研究对外贸易结构对我国产业结构影响，半对数模型的实证结果显示工业制成品贸易推动我国第一产业比重降低、第二产业比重上升，而进出口的结构效应则表明对外贸易可以显著地促进产业结构转型升级，但存在一定的时滞效应。李娟（2014）通过推导基于垄断竞争的劳动需求模型、利用我国1998—2007年工业企业数据库检验产业转型升级中劳动市场波动是否加剧，并进一步考察贸易开放对两个产业部门的劳动市场波动差异的影响。

（2）技术进步。薛继亮（2015）通过构建尼尔森-菲尔普斯（Nelson-Phelps）模型，研究发现技术进步和产业转型之间的相互推动作用。史学贵和施洁（2015）通过建立一个包含部门技术进步和对外贸易的三部门增长模型来研究我国产业结构变化的驱动因素，结果发现技术进步是产业结构变化的直接驱动力。林春艳和孔凡超（2016）通过动态空间Durbin模型，研究技术创新、模仿创新以及技术引进对产业结构转型升级的空间传导机制，研究发现技术创新和技术引进对区域产业结构合理化具有显著的长期空间溢出效应，模仿创新对产业结构高级化具有显著的长期正向溢出效应。李文龙（2018）提出信息技术的发展及两化融合的深入，能驱动稀土产业生产和管理方式向技术化、规范化转变，提升了产业效率。

（3）金融支持。王楠（2011）发现金融发展对产业结构升级具有显著的正向推动作用，但推动存在时滞效应。周永涛和钱水土（2012）发现金融发展和FDI在促进产业升级方面存在互补关系。王立国和赵婉妤（2015）利用1992—2012年数据建立VAR模型研究我国金融发展与产业结构升级之间的关系，结果显示金融发展规模扩大对产业结构升级具有正向促进作用。刘英基（2015）从抢抓新产业革命机遇、推动技术创新和扩大内需等方面提出推动新常态下的新兴经济体产业转型升级的对策建议。叶蜀君（2018）运用我国 30 个省区 2000—2015 年的面板数据，通过固定效应模型和动态面板数据模型系统考察了全国及东、中、西部地区金融结构对产业转型升级的影响。

（4）城镇化发展。陈晨子和成长春（2012）以我国 1978—2011 年的经济数据为研究对象，通过构建 ECM 模型，实证发现产业结构与城镇化存在相互强化关系。蓝庆新和陈超凡（2013）通过构建空间计量模型分析新型城镇化对我国产业结构升级的影响，研究发现新型城镇化对产业结构升级具有显著的空间冲击效应。刘爱梅（2015）依据诺斯的制度创新理论和钱纳里的“标准结构”理论，在深刻领会李克强总理关于创新、城镇化与结构调整相关论述的基础上，以山东城镇化发展对经济结构转型升级的影响为例，分析城镇化发展与经济结构转型升级不相协调的制约因素。赵永平和徐盈之（2016）利用 2000—2012 年的省级面板数据构建分位数回归模型，实证发现新型城镇化在所有分位点上均对产业结构升级具有显著的正向促进作用。王晓玲（2017）在分析了黑龙江省新型城镇化发展现状的基础上，结合黑龙江省的特点，阐述了产业转型升级与新型城镇化发展良性互动机理，最后从推动产城融合、完善产业分工体系、提高城镇的服务职能、完善城镇制度等方面提出实现产业结构升级与新型城镇化良性互动的发展思路。

（5）保障机制。李文军（2015）认为新常态下我国经济发展的根本路径是转变经济发展模式，加快产业转型升级，特别是要加快培育和发展战略性新兴产业，促进传统产业特别是制造业转型升级。吴言动（2018）在广义“新兴”语境下，首先，探索传统产业向新兴产业转型升级的 3 个阶段，明确每一阶段的主要内容；其次，从原有产品（业务）品质改进、新产品（业务）开拓、创新商业模式与构建合作网络、制度规制、低成本创新等多个角度论述转型升级的创新驱动机制；最后，从制度设计层面提出保障转型升级的相应措施。陈立枢（2018）提出中国应通过发展智慧产业来推动产业转型升级，重点是：要完善智慧产业发展的制度保障机制；探索智慧产业科学发展模式；健全智慧产业支撑服务体系；大力培养和引进智慧产业优秀人才。

2. 产业转型升级时期政府行为的研究现状

目前我国经济正处于产业转型升级的关键时期，此期间的政府行为具有较为广泛的研究空间，学者对于产业转型升级和产业转型升级中的政府行为的研究也相对丰富。

首先，对于产业转型升级中的政府行为，大多数学者从市场和经济基础等约束条件下研究产业转型升级中政府行为的必要性和可行性。王国平（2009）在《产业升级中的地方政府行为》中，认为各级地方政府的调节在产业转型升级中具有客观必然性和不可抗拒性，而地方政府在扶持产业升级上的贡献主要体现在优化产业结构、促进技术进步、保护知识产权、参与品牌塑造、改善教育结构和吸引创新人才等方面。向晓梅（2011）在《产业转移中的政府行为研究述评》中，梳理产业转型升级中政府行为前期文献，归纳总结了产业转移中政府与市场、政府角色与经济行为、政府与企业关系等方面的理论研究状况，对政府行为在产业转移中的作用提供了重要的理论参考。中国经济转型结构的特征最主要有两点：一是地方政府对经济的干预；二是国有垄断利益集团对经济的控制和影响。褚敏（2013）基于这种逻辑揭示出中国产业结构升级缓慢的缘由，并特别关注地方政府行为与国有企业垄断的结合体——行政垄断如何影响产业结构升级。黄昌富（2018）以 2012—2015 年 547 家深沪股制造业上市公司为样本，实证分析了政府补贴、产能过剩与企业转型升级三者间的相互关系，验证政府补贴对产能过剩与企业转型升级间的调节效应。吴非（2018）借助中国 2007—2014 年上市企业与宏观经济数据集，检验财政 R&D 补贴及地方政府行为对企业创新的影响及其发生机制。

其次，学者通过对国外先进发达国家在产业转型升级中政府行为的研究，归纳总结出各国产业转型升级时期值得借鉴学习的政府行为。其中比较有代表性的有：魏晓蓉和师迎祥（2009）在《日本产业结构转换的运行机理及其对我国产业结构优化升级的启示》中，深入剖析日本的产业结构转换的运行机理，认为政府主导和市场经济可以并行不悖有机地结合在一个经济体系中，共同完成国家产业发展的战略目标。对于我国的产业专业转型升级的发展，他们认为必须提高选择战略性产业和执行相关产业政策的能力和水平，高度重视制造业的核心作用。汪明峰和袁贺（2011）通过研究新加坡在不同时期的产业政策，总结新加坡工业发展经验，为我国的产业转型升级提供借鉴经验。徐礼伯（2013）就美国“再工业化”的实质、对我国产业转型升级的影响、对产业发展的启示三个方面对现有国内相关研究的最新进展进行综述和评析，并在此基础上对未来研究进行展望。赵丽芬（2015）在《美国和日本产业转型升级的经验与启示》中，把美国和日本这两个典型的现代市场经济国家和政府主导型市场经济体制的代表作为研究对象，分析其各个经济发展阶段均具有不同的产业政策导向和发展重点，对我国产业转型升级提出建议。陈春明（2017）选取了北美、欧盟和东盟的一些具有代表性的国家，对其反映制造业水平的要素进行综合比较，并对制造业转型升级的原因、侧重点进行研究，分析我国制造业发展现状、问题及与国外先进制造业国家的差距，并借鉴国外经验，提出我国制造业转型升级的着力点。

同时，也有相当多的学者侧重对我国特定区域部分产业或者部分经济领域在产业转型升级过程中的政府行为进行研究。这部分的相关文献有刘荣兴（2014）的《马尾区政府推动产业转型升级研究》、梁尚龙（2013）的《清远市茶叶转型升级战略选择研究》、陈德方（2014）的《温州模式转型中的政府作用研究》、陈瑞英（2014）的《阳江市五金刀剑产业转型升级的政府作用研究》、李晓磊（2009）的《东莞市加工贸易转型升级的政府作用研究》等。这些文献虽然研究的对象不同，但是都不约而同地肯定了政府行为在产业转型升级中的作用，通过研究特定区域的产业转型升级中政府行为的实践情况，总结归纳其他区域政府在推动经济发展、产业转型升级中值得学习借鉴的经验。温铁军（2016）

以苏州工业园为例，认为地方政府因地制宜的本土制度创新，可以实现区域经济发展的内生性结构升级，从而向价值链两端延伸，实现产业利润率上移，摆脱低水平陷阱，带动产业转型升级。这个归纳对于现今的中国提出产业转型升级重任有很大借鉴价值。徐建伟（2018）提出需要从重大平台建设、创新人才支撑、破除金融短板、稳定政策预期、深化体制改革等方面突破发力，保证新旧动能合理衔接、有序转换，实现经济平稳运行和持续增长。

3. 湘西州产业转型升级的研究现状

湘西州正处于产业转型升级时期，学者们更多地关注湘西一些有代表性行业和产业园的产业转型升级。例如：鲁明月（2013）研究湘西州文化旅游产业发展的现状，然后利用耦合模型对其进行分析，并依据分析结论发现湘西州文化旅游产业在发展中存在的一系列问题，最后根据发现的问题提出对策建议。莫岚（2014）利用偏离—份额模型，考察2001—2012年湘西州11个地级市农业产业结构，并进行实证分析。结果显示，湘西州各县市的农业产业结构偏离分量具有一定程度的分化；在产业结构内部，种植业处于缓慢上升趋势，最后提出了湘西州农业结构调整的相关政策建议。李云（2014）从湘西州的实际情况出发，以产业融合的结果来分类，从时间型、空间型和产品型三个模式着手，进行产业融合，是比较适宜的角度和着力点。朱莹（2015）分析了湘西州旅游产业结构，还分析了湘西州旅游产业结构优化的策略。陈望学（2017）以湘西州为例通过灰色关联度分析说明了三大产业对经济增长的重要意义，接着建立回归方程，准确计量了各产业变动对经济增长的影响，并进一步从产业结构合理化、高级化和高效化三方面入手，构建产业结构优化评价指标体系，运用因子分析计算出了湘西州产业结构优化值。最后根据对湘西州的实证分析结果，提出了相应的政策建议。杨钧媛（2017）构建了综合评价模型，对湘西州产业园区的发展水平进行了评价，依据评价结果探讨了制约湘西州产业园区的主要因素，提出了提高湘西州产业园区发展水平的策略。杨万军（2018）对湘西州发展棘胸蛙产业的优势及存在的问题进行了分析，并提出了保护和开发该品种的建议。

1.2.4 科技协同创新对产业结构转型升级的影响研究

科技协同创新对产业结构转型升级的相关性研究也层出不穷，卡林（Carlin，2003）基于实证金融数据提出，具有市场导向能力的金融机构能够显著促进高新技术产业和高风险产业的成长，银行导向型的金融结构对于传统低风险型产业则具有显著推动作用。贝克和莱文（Beck & Levine，2004）通过数据发现，通过金融的总体发展和法律保护机制的有效性，金融可以加快产业的发展和资本的配置效率，并指出在市场主导型的金融支持模式中，金融市场更有效率，也更有利于技术创新和产业优化升级。澳大利亚学者杰森·波特（Jason Potts）和斯图亚特·坎宁安（Stuart Cunningham）等（2008）用简单理论模型分析了创意产业与区域经济的动态关系，并基于澳大利亚的统计数据研究得出，创意产业发展对区域经济增长和社会福利增加均具有明显的正效应。马修斯（John A. Mathews）和赵东成（Dong - Sung Cho，2009）以半导体工业为例，论证了政策主导下的撬动战略加速了新技术的转移、扩散与快速吸收，促进了产业升级。达拉特（Darrat，2009）认为财政政策是一种结构性政策，其中如税收的相关政策和财政支出特别是教育、创新型人才培养方面支出对产业结构的调整升级有着极为重要的影响。

赵玉林、汪芳（2007）通过关联分析得出，高技术产业部门中电子通信产业对传统产业的关联度最大，其次是信息服务，表明电子通信业具有较强的产业关联效应，应重点优先发展，通过关联效应作用带动其他高技术产业和传统产业的发展，最后达到产业结构升级和经济增长的目标。张建伟（2012）基于中国数据实证分析得出在全国及行业层面，技术创新和经济转型具有较高的耦合性；回归分析表明，技术创新对经济转型都具有积极的推动作用；并在 VAR 模型的基础上进一步建立了脉冲响应函数，研究发现，在全国层面，长期来说技术创新对经济转型的作用一直高于经济转型对自身的作用，技术创新对自身的冲击作用也一直高于经济转型对技术创新的作用。王正（2013）将创意产业推动区域经济转型主要归因于创意要素的增长机制（动力机制）、创意产业的知识溢出机制（产业关联机制）以及创意产业集群的自组织机制（创新机制）三大作用机制，并指出创意产业的发展与区域经济转型之间存在显著的双向因果关系，形成了特定产业组织与区域环境互动式的协同演化机制。张银银等（2013）则认为创新驱动过程促进了知识积累、学习、创造及扩散，推进传统企业技术结构、生产方式、组织结构等变革，从而实现以传统业务为支柱向以新兴业务为核心转变，并认为具体路径为：选择适合的创新形式培育壮大新兴产品及业务；创新链与传统产业链有效融合；集聚创新要素推进传统产业集群向战略性新兴产业集群转变。

潘宏亮（2015）认为创新是产业转型升级的重要驱动力，并指出创新驱动产业升级的路径主要包括基于“互联网＋”实现创新资源共享、基于精益管理打造创新优势、基于产业融合创新扩大创新效益，从而促进产业转型升级。刘志华（2016）以提升我国区域科技协同创新绩效水平为目标，研究了区域科技协同创新、新绩效评价与提升途径两方面。构建了一套科学合理的区域科技协同创新绩效评价指标体系，建立了区域科技协同创新绩效评价模型，并选取了我国各省（直辖市）为区域科技协同创新绩效评价实证对象，研究了提升区域科技协同创新绩效的关键要素，以上研究极大地丰富了区域科技协同创新理论和现代绩效评价理论。王桂月（2016）从创新驱动转型发展战略的内涵出发，构建了创新驱动产业转型发展概念模型，并以此为基础建立了创新驱动产业转型升级的指标体系，采用SVAR模型对我国科技创新与产业转型升级之间的动态影响关系进行了实证分析。李政（2017）运用面板三阶段最小二乘法，通过构造联立方程，实证分析了我国科技创新、产业升级与经济增长的互动关系。实证结果表明，东部地区科技创新、产业升级与经济增长三者之间形成了一种相互促进、相互依赖的良性循环；而中西部地区受经济发展阶段的影响，经济增长并不能够有效促进产业升级，产业升级对经济增长也具有显著的抑制作用。潘飞（2017）运用前人相关理论与方法，基于江苏省2008—2015年统计数据，对江苏省各地级市创新要素、产业转型升级进行了区域分析及演变分析，并利用产业结构超前系数对产业转型升级方向进行测度。夏业领（2018）基于复合系统协同度模型，实证分析了2000—2015年中国科技创新—产业升级相同基期和相邻基期协同度。结果表明：2001—2015年中国科技创新—产业升级相同基期协同度显著提升，但科技创新系统有序度一直低于产业升级系统有序度，是制约相同基期协同度提升的关键。

1.2.5 文献述评

综上所述，国内外专家学者对科技协同创新和产业转型升级的相关内容进行了深入研究，形成了清晰的研究体系。但主要的研究方向侧重于企业、技术和社会角度，缺少对科技协同创新内在机理根本性的分析，没有很好地发挥科学研究应有的预见性和指导性功能，导致对区域经济发展趋势和发展道路认识模糊，因而政策可行性不大，对现实的指导意义有限。总体来说，现有研究中的不足之处表现在以下三个方面。

（1）现有的研究仅注意到科技协同创新对产业转型升级的影响，但事实上科技协同创新具有系统性和非线性特征，是一个复杂性的过程，缺少与科技协同创新的制约因素相结合来考察与欠发达地区相互作用关系。本书认为，可以通过借鉴系统论、协同学理论等理论来开展研究，进一步丰富与发展科技协同创新与产业转型升级的关系理论。

（2）产业转型升级对策研究成果多从宏观角度研究转型升级的方向和路径，具体到产业或企业的中、微观层面的研究还不够深入。在产业全球化背景下，产业转型升级不仅仅指由劳动密集型向资本密集或技术密集型产业的转型升级，还包含同一产业或关联产业内部环节的链合升级，即产业链的升级。产业链的升级是产业升级的根本前提和重要路径。

（3）将科技协同创新理论研究的最新成果应用于产业转型升级的研究较少。科技协同创新的研究已被广泛应用于各个领域，取得了较好的效果，但缺少对科技协同创新内在机理根本性的分析，很少涉及具体实证研究。

1.3 研究思路与方法

1.3.1 研究思路

本课题遵循“背景分析—理论分析—经验与启示—案例分析—政策建议—保障措施”的思路。首先，提出湘西州推进科技协同创新的必要性，再借鉴典型地区科技协同创新和产业转型升级的成功经验；其次，对湘西州科技协同创新现状及问题进行全面分析；再次，深入分析湘西州产业转型升级的各种因素及问题；最后，提出以科技协同创新推动湘西州产业转型升级的具体思路、政策建议和保障措施。

1.3.2 研究方法

本书注重理论研究、系统分析、技术分析与实证研究等方法的综合运用，主要研究方法有以下三个。

（1）理论研究与实例分析相结合。一方面，分析评述科技协同创新及产业转型升级研究的现有成果，以科技创新理论、经济系统理论等系统论视角结合产业经济学、产业生态学等应用经济学理论，分析欠发达地区产业转型升级的机理、模式和路径；另一方面，采用实例分析来验证科技协同创新与产业转型升级耦合协调互动的理论假设，提高理论的应用性和解释性。

（2）定性研究和定量研究相结合。一方面，从定性角度研究欠发达地区科技协同创新的特征、构建策略、产业转型升级的模式与路径选择、科技协同创新与产业转型升级的互动机理等；另一方面，从定量角度研究了欠发达地区科技协同创新与产业转型升级的发展指数水平以及两者的耦合协调程度，增强理论分析的支撑度和可靠性。

（3）静态分析与动态分析相结合。科技协同创新与产业转型升级都是经济系统中的子系统，本书依据系统动力论、协同学理论，不仅从静态角度分析了科技协同创新与产业转型升级的发展现状，还从动态角度研究了两者之间的耦合协调关系，并提出了政策建议。

本书的研究总体框架如下图所示。

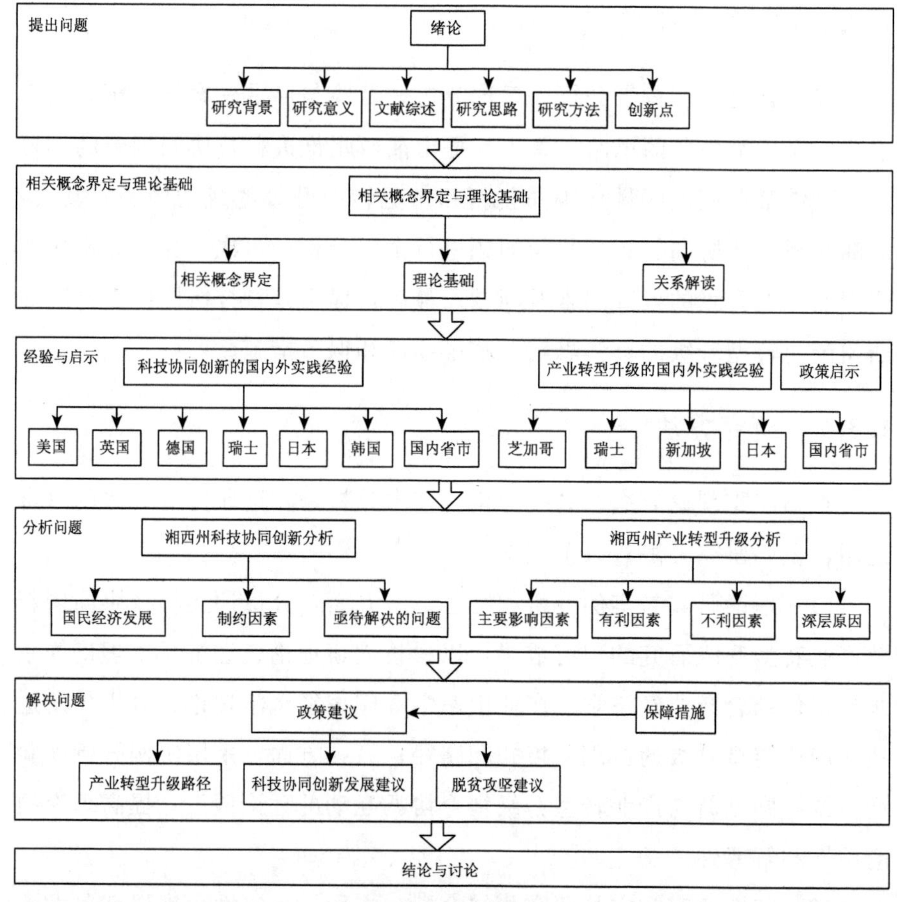

本书研究总体框架

1.4 主要观点与创新点

1.4.1 主要观点

(1) 科技协同创新的影响因素可概括为外部因素（保障因素、支撑因素和链接因素）和内部因素（创新主体的需求和能力）。其中，保障因素包括制度和发展战略等外部因素，支撑因素包括人才、重大科技设施、资金、资源、知识、技术和信息等，链接因素包括科技咨询、法律、金融服务等。只有科技创新系统内的行为主体对科技协同创新具有一定需求时，才有可能进行主体间的合作，而且能否进行有效协作，还取决于各主体的协同创新行动能力。

(2) 在地区竞争的挑战下，成功的地区与成功的企业一样，都拥有自己的核心竞争力，即自己所拥有的、别人难以模仿的优势，主要表现在地方特色产业集群及其效率上，湘西州经济社会发展具有大量的政策支持，但要打造自己的核心竞争力仍面临多重困难。

(3) 工业欠发达地区可通过与先进市场接轨，快速提升本地技术水平，实现技术上的跨越式发展，并促进产业转型升级，这是欠发达地区的后发优势，也是实现后发赶超的重要路径。由此，湘西州发展的研究重点有必要转移到产业形成和运行的微观机理及其创新环境中来。

(4) 随着工业化进程的不断深入，地区的发展越来越不是一个相互孤立的过程，现代交通与通信技术把不同地区和不同产业串成了一个巨大的网络，产品、资本、人才伴随着各种信息与知识在网络中间穿梭流动，而地方政府权力的适当下放、较为宽容的社会文化等因素为科技创新思想的成长和传播提供了重要平台，为地区发展保持持久的生命力和创新活力提供了可能。

1.4.2 创新点

1. 研究视角新颖

从研究视角来看，国内对科技协同创新或产业转型升级的研究已经很多，但是把两者结合在一起的研究较为鲜见。本书把科技协同创新和产业转型升级均视为经济关系系统的子系统，认为信息、知识、技术、人才、资金等既是科技协同创新要素又是产业转型升级的市场要素，并从系统理论、协同学理论视角研究两个子系统之间的互动机理，并通过两者之间的耦合协调度来验证相关的理论假设。

2. 研究内容新颖

(1) 提出欠发达地区科技协同创新的构建策略和产业转型升级路径。目前，对科技协同创新的研究主要以智力密集区（如美国硅谷、北京中关村）、科技工业园区（如中国台湾新竹工业园）、产业集群（如印度班加罗尔的软件产业）为研究对象。而对欠发达地区这样缺乏知识创新资源的科技协同创新研究尚不多见。同时，已有的关于欠发达地区的科技协同创新研究，大多是从宏观层面上展开探讨，而从中观以及微观层面上展开的实践研究相对较少。

(2) 揭示科技协同创新与产业转型升级的相互作用机理。从文献检索来看，目前鲜有从科技协同创新视角研究产业转型升级的成果，少数研究只涉及单一创新因素对转型的影响，极少考虑创新要素叠加后的作用。本书运用系统论、协同论、经济内生增长理论等理论方法分析科技协同创新与产业转型升级互动关系和作用机理，并以此为基础，结合经验与启示，提出了科技协同创新驱动传统产业转型升级发展的路径和政策建议。

2 相关概念界定与理论基础

2.1 相关概念界定

2.1.1 科技协同创新的相关概念

1. 创新、技术创新

1912 年，美籍奥地利经济学家约瑟夫·熊彼特（J. Schumpeter）在其出版的《经济发展理论》一书中首次提出创新（Innovation）的概念。熊彼特指出，“创新就是执行新的组合，即把人们所能支配的生产要素和生产条件用新的方法组合起来，建立一种全新的生产函数”。创新的本质就是引进新事物或提出新思想，突破旧思维、打破旧戒律，它追求的是新奇、最佳、独特的行为，通过要素新组合，释放更大的发展潜能，促进科技经济发展、人类社会全面进步。创新的对象和行为涵盖多方面，创新的模式和手段也千差万别，但终究都可纳入观念创新、技术创新、知识创新和制度创新的完整体系中。

技术创新，即生产技术的创新，包括开发新技术或将原有技术应用于创新。科学乃技术之基，技术创新与科学发展存在密切的联系，两者之间相互促进、相互影响。美国著名经济学家弗里德曼（C. Freeman）认为，“经济学意义的技术创新就是技术向市场化的转化，包括新过程、新产品、新装备和新系统等创新活动”。苏塞克斯大学的科学政策研究所（SPRU）把技术创新分为“渐进性创新、根本性创新、技术系统的变革、技术—经济范式的变更”四个方面。美国科学基金会（National

Science Foundation of U. S. A.）于1969年出版《成功的工业创新》一书，该书中提到，创新是技术变革的集合，技术创新从新观念、新思路开始，通过不断克服各种难题，促使一个有价值的新项目、新方法成功应用于经济社会实践中，它是一个复杂系统的创新活动。在其1976年发布的研究报告《1976年：科学指示器》中，对技术创新进行更全面的界定，认为“技术创新是把新产品、新方式或新服务有效引入市场的活动”。经济合作与发展组织（Organization for Economic Co－operation and Development，OECD）认为，“技术创新源于研究开发，通过进行系统有创造性的研究与试验工作，产生新知识并利用这一新知识进行发明”，其目的在于丰富有关人类、经济和社会的知识库和创新力。柳御林（1993）将技术创新定义为：采用新工艺、新设备制造或改进新产品，并将技术研发和技术应用首次应用于商业的活动。基于技术创新的功能和本质特性，中共中央、国务院在《关于加强技术创新、发展高科技、实现产业化的决定》中，将技术创新界定为：“运用新技术、新知识和新工艺，采用新生产方式和经营模式，开发或生产新产品，提高产品质量和服务，从而占据市场并实现市场价值的过程”。之后，技术创新的概念更加丰富，研究更加趋于深化。朱跃钊等（2015）认为，“技术创新是一种以知识创新为基础，以制度创新为背景，以新产品、新技术、新模式等为对象的发明和创造活动，通过技术、人才、服务等资源集聚，实现产品升级换代和产业优化调整，最终提高地区的科技实力和产业竞争力”。

2. 科技创新、协同创新

20世纪80年代改革开放以来，以经济建设为中心，确立了解放生产力的国家长期战略，成为经济发展的主要动力，进入90年代后，国家和人民对经济增长的迫切期盼，使人们更加关注生产效率的进步，科技创新作为提高生产效率的手段，成为社会广泛研究的焦点。从现有文献中不难发现，将科技创新作为研究对象不在少数，对科技创新内涵的观点不统一，并未明确与科技进步、技术创新等概念之间的区别而产生误解，对科技创新进行界定是有必要的。

科技创新最早起源于对创新的解释，熊彼特（Joseph Alois Schumpeter）认为“创新”是将新方法或新工具应用到各领域的活动，不局限于科学和技术，还包括经济金融领域。20 世纪中叶，第三次技术革命兴起之时，华尔特·罗斯托（Walt W. Rostow）提出“创新”就是以“技术创新”为核心的活动，将大众的视野聚焦到技术的创造发明、更新换代。不同学者对技术创新理解的侧重点也大不相同，英国斯通曼（Stoneman）认为技术创新是在生产过程中发生，以商业交易为目的。澳大利亚唐纳德·沃尔茨（Donald Walts）认为技术创新是对研发成果的不断改进，从而赋予商品新的价值，提高企业利润。中国学者张培刚认为新技术取代旧技术，可以提高生产力，在生产中创造价值。20 世纪后期，随着互联网科学、生命科学、环境科学等新兴科学领域的不断涌现，使得科学与技术概念边界模糊，“科技创新”代替了“创新”及“技术创新”成为国际一直认同的概念。

科技创新是科学创新和技术创新的总称，大致可分为知识方面的创新、技术方面的创新和管理方面的创新三种类型。目前，对科技创新概念的研究比较广泛，人们给科技创新下的定义多从各自需要的角度出发，涉及政府、专家学者、研究机构、企业、社会等层面。概括起来，对科技创新的理解存在两种观点：一种认为科技创新与技术创新本质是一致的，科技创新等同于技术创新；另一种认为科技创新与技术创新既有联系又有区别。有些人把科技创新和技术创新“混为一谈”，其实两者之间存在一定的差异性。陈昌曙（1982）认为，科学和技术是“两类价值”“两种范畴”“两层管理”“两个革命”，科技创新和技术创新本质就是“两路创新”。周寄中（2002）指出，科学创新体现在基础研究和应用研究的创新，技术创新涉及技术研究、试验开发和技术转化及应用的创新，科技创新是两者的综合。刘诗白（2010）认为，“科技创新是知识创新、生产技术条件创新、劳动技能创新、组织管理创新”。从创新层次看，科技创新可从宏观、中观和微观三个角度分为国家科技创新、区域科技创新和企业科技创新三个层次。国家科技创新主要体现在战略取向、政策方针、路径选择等方面；区域科技创新主要体现在科技协作、创新系统、科技体制等方面；企业科技创新更多体现在具体的技术创新、产品生产及技术应用等创新行为。从创新内涵看，科技创新有狭义和广义之分，狭义的科技创新就是技术创新；广义的科技创新，不仅包括技术创新，也包括制度创新、机制创新、管理创新等。从创新主体看，技术创新的主体主要是企业、研发机构等，而科技创新的主体则比较多元化，不仅包括企业、科研机构、高校等直接主体，也包括政府、中介组织、社会团体等间接主体。从本质看，技术创新是科技创新的最核心环节，但其内涵范围远小于科技创新的范畴框架。本书对科技创新研究主要从区域层面、广义范畴界定，强调科技创新是科学原创、技术创新、技术转化及管理创新的总称。

创新是一个知识研发、技术产生、技术应用与转移的活动，通过不同创新主体、不同要素资源之间的融合与协作，最终作用于技术经济上，实现价值创造与价值转化的复杂动态工程。当然，高效完整的创新应该根植于不同创新主体的互为协作、互为影响的基础上，通过创新要素组合和结构调整，产生更大创新潜能，实现创新效应最大化。为此，高效的创新应该是一个系统的协同创新，当引入系统论分析创新，就会产生协同创新理论。首次提出协同创新概念的是美国麻省理工学院斯隆中心彼得·葛洛（Peter Gloor）研究员，他指出，协同创新是指具有共同愿景的人员借助网络等现代通信工具进行沟通、交流，采取合作的方式实现一致的创新目标。随后，学者们从不同层次阐述了协同创新。阿本德（Abend）认为，“协同创新管理涉及创新理念、创新过程、创新主体及创新组织等”，企业等不同组织是协同创新的主体，是实现生产效率提高的主要载体。休伯（Huber，1998）认为，协同创新的主要功能就是使创新的开发、扩散和应用顺利进行，单个的研发、扩散和应用可称作创新系统的亚功能。玉萨达戈（Jadesadalug，2008）探讨了组织、市场和技术三要素协同对创新的积极作用。概括起来，协同创新具有以下基本特征：具有特定的边界和空间范围；创新主体包括不同层次的人员、企业、研究机构等组织单位；创新客体是不同的创新要素；创新目标在于提高企业生产效率和劳动者素质，增强企业的创新能力和国际竞争力；实现协同创新的手段有市场营销、组织学习与创新互动、社会网络及组织、市场和技术间的协同等。当然，协同创新不仅仅局限于企业，也可以拓展到大学、研究机构、政府机关等领域或不同领域、不同环节之间的创新协同。

将协同创新立足于区域层次上，便产生区域协同创新的理念。陈劲（2012）认为，区域协同创新是指一定区域内的企业、科研院所、政府部门及社会组织等创新主体通过互动合作、协作交流，开展大跨度的资源整合、技术研发转化的创新组织模式，实现区域重大科技创新、增强区域技术创新协同效应及提升区域科技创新能力（见图 2-1）。区域协同创新具有整体性、有序性、动态性、复杂性等基本特征，由于各区域的差异性，其协同创新的类型和方式也存在差异。

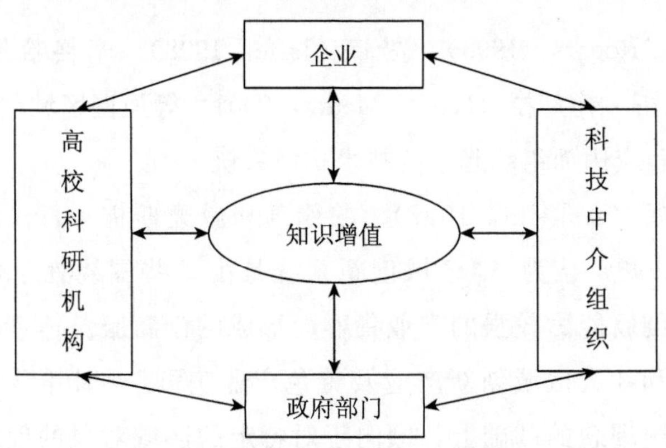

图 2-1 协同创新运行的组织模式

3. 区域创新系统、科技创新效应

英国卡迪夫大学库克（Cooke）教授在观察欧洲经济发展后，发现一些国家产业经济呈现明显的区域性、群集性、区域根植性和区域网络性，从而提出区域创新系统（Regional Innovation System，RIS）的概

念。关于区域创新系统的概念，库克（1997）在《区域创新系统：全球化背景下区域政府管理的作用》一书中有较为详尽的描述，他认为，“区域创新系统是一种区域组织体系，由在空间上相互关联、相互分工的生产企业、研发机构和政府组织等创新主体构成，通过系统内部的创新要素、创新资源的互为协作、互为影响而产生集成创新，并形成一种区域创新氛围”，如图 2－2 所示。

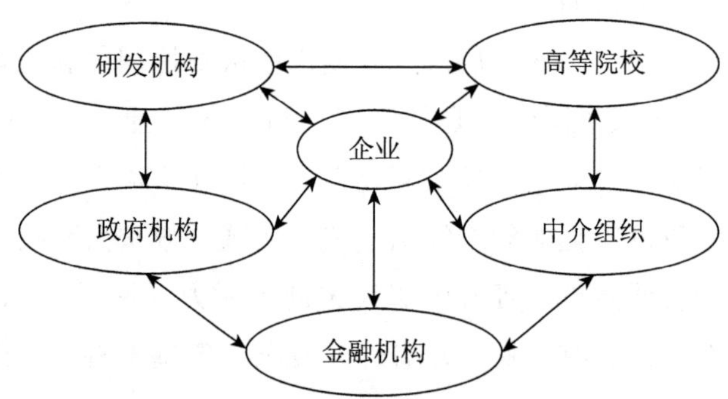

图 2－2　区域创新系统构成要素

罗杰斯（Rogers，1995）、贾菲（Jaffe，1998）、辛格哈尔（Singhal，1999）、卡维塔·梅赫拉（Kavita Mehra，2001）等强调区域创新系统是围绕技术发展和应用而组织起来的技术扩散系统。

阿什海姆（Asheim，1997）、帕德莫和威廉斯棉（Tim Padmore 和 Williams，1998）认为，“区域创新系统是由一些围绕处于创新主导地位的企业及创新能力较强的产业集群而形成的创新服务体系，其主要目的在于培育和壮大区域创新产业及特色产业集群”。国外学者和机构在区域创新系统理念的基础上，倾向于对特定的区域对象的创新过程进行研究，如阿施姆和邓福德（Asheim 和 Dunford，1997）、马斯特里赫特大学创新与技术经济研究所（MERIT，1998）对欧洲区域的创新战略和创新前景进行系统的研究。萨克森宁（Saxsonian，1994）重点考察了美国硅谷和 128 公路地区的创新网络和创新能力。考里根（Carlsson，1992）则分析了莱茵—阿尔卑斯地区的创新环境及创新潜力。对区域创新系统的研究，我国相对滞后。黄鲁成（2000）、罗守贵（2000）对区域创新系统的定义为："指在一定的区域内，各种与创新相关联的主体要素、非主体要素及协调各要素之间关系的组织网络与政策制度。"其中，主体要素包括创新组织与创新机构，非主体要素包括创新所需的环境与物质条件。张敦富（2000）认为，"区域创新系统由资源要素、创新主体、社会组织、管理系统四个互为联系、互为作用的主要部分构成"。顾新（2001）认为，区域创新系统是基于特定的地理空间或经济区域内，通过引入创新要素或要素的新组合根植于创新系统，产生出一种新的最优的资源配置方式，形成系统新的功能和效应。刘曙光（2002）和胡宝民（2005）等认为，区域创新系统是一个有序的经济社会系统，具有创新性、开放性、关联性、复杂性等特点。

科技创新效应是一个相对宽泛的概念，是科技创新对自身、接受者或经济社会的影响。对科技创新效应的研究，归纳起来大致有以下几种观点：①按创新的正负效应划分。宋之杰、高敬忠（2006）从技术创新的连带角度出发，把科技创新效应分为攀比效应（正效应）和虚荣效应（负效应）。杨武、王玲（2005）依据技术溢出对企业的影响，把科技创新效应分为正效应和负效应。其中，正效应即技术创新的溢出可降低企业成本，提高企业技术水平，增加创新产品产出和社会财富；负效应即技术溢出可使企业边际收益下降，削弱企业创新的主动性，进而导致创新产品减少，影响社会整体福利的提升。张鹏（2006）、詹颂生（2010）认为，科技创新会对人、社会、自然产生较大的影响，科技创新对经济社会领域的渗透，会极大地促进技术进步和提高社会生产力，从而产生积极效应（正效应）。同时，科技创新也会对人类自身及生态环境产生一些消极影响（负效应）。②按创新的内外部效应划分。罗默、阿罗等（1991）认为，创新国家或创新组织通过技术垄断优势和内部化优势严控尖端技术的扩散，从而产生技术锁定效应（内部效应）；创新国家通过对外直接投资的方式，可以实现技术向东道国的溢出，产生技术的外部经济效应（外部效应）。刘成刚（2011）认为，科技创新的内部效应主要包括科技创新的示范效应、科技创新的竞争效应及技术的溢出效应；外部效应主要包括技术进步、产业升级、经济增长等效应。③按创新效应的发挥机理划分。库克（Cooke，1998）认为，科技创新效应可分为要素集聚效应、产业关联效应、创新主体协同效应、创新组织网络效应。潘德均（2001）从创新主体系统角度，把创新效应分为知识研发效应、技术创新效应、创新溢出效应。杨武（2005）把科技创新效应划分为溢出效应、示范效应、乘数效应、加速效应等。谷建全（2014）认为，“科技创新效应包括自主创新的引擎效应、模仿创新的扩张效应、创新主体的集聚效应、创新技术的扩散效应、创新系统的集成效应”。此外，史清琪（2001）认为，科技创新效应由微观效应和宏观效应组成，微观效应包括企业创新效应和产业创新效应，宏观效应包括区域创新效应和国家创新效应。

纵观国内外文献，科技创新效应并没有一个统一明确的概念，本书认为科技创新效应的实现是一个动态复杂的过程，是由科技创新对自身或接受者直接或间接产生的各种创新效应的综合集成，包括科技创新在研发、管理、市场、应用等环节的影响和作用，是科技创新能力与效率、科技创新集聚与扩散、科技协同创新及对经济影响的集中体现。科技创新是创新效应产生的动力和手段，创新效应是科技创新运行的结果和目标。

4. 科技协同创新

科技是科学技术的意思，这里代表湘西州地区的科技发展水平、科学研究水平、产业科技水平、环境科技水平等各方面的科技水平。科学来源于拉丁文的“Scientia”，其本意是知识。技术来源于古希腊的Techne和Logos的结合，表示的是技能的表达。

熊彼特（Joseph Alois Schumpeter）因创新理论而声名大噪。熊彼特强调只有引入实际生产中的发现与发明才是创新，他的创新概念实际上可以理解为生产力的革新。美国战略管理学者安索夫（Igor Ansoff）提出了“协同”概念，主要描述企业组织内各事业部之间的关系。1977

年，哈肯（Haken）吸收了许多现代理论科学成果，写成了他的系统理论“协同学”。此后协同问题沉寂多年，直到 2000 年左右，理论界逐渐重燃研究协同效应的热情，把协同思想引入各个领域，其中一个非常重要的结合就是协同创新。协同创新是政府、企业、高校和科研院所、中介和顾客以科技创新为目的展开的创新组织模式。

科技协同创新是指不同创新主体（产、学、研、金、政、用）基于目标利益，通过创新要素的有机配合与相互作用，在创新互动机制的约束和协调下，通过复杂的非线性相互作用，提高资源利用效率，从而产生单要素无法实现的整体效应的过程。它是科学创新协同与技术创新协同的有机统一，包含了科学研究、技术研发、新技术应用与转化、新产品开发、科技创新资源及科技市场开发的协同等多层含义。从开始的“产学研”扩大至“政产学研金介用”七位一体，如今还补充以“贸媒”，科技协同创新的主体愈加多元化，即使在一个省级行政区内，研究科技协同创新问题已经甚为困难，如今将地域范围扩大至京津冀地区，科技协同创新过程更为复杂。

2.1.2 科技经费的相关概念

科技经费，顾名思义，是指用于科技创新活动的各项费用的总称。因此，要界定科技经费的内涵，首先必须对科技创新活动进行明确界定。根据联合国教科文组织（UNESCO）的定义，科技活动是指与各科学技术领域中的科技知识的产生、发展、传播和应用密切相关的活动。结合我国国情，科技创新活动可分为三类：一是研究与试验发展（R&D）活动，具体包括基础研究、应用研究、试验发展；二是科技成果转化与产业化的科技活动，具体包括设计试制、小批量试制、工业化试验等；三是科技服务活动，主要是指与科学研究与试验发展相关，有助于科技知识产生、传播和应用的活动。

科技创新活动的复杂性，决定了科技经费范围的广泛性，也导致对科技经费概念进行明确界定具有较大难度。工作实践中，一般认为科技经费有三个不同层次的内涵。第一层次是指财政科技经费，即由政府财政预算科目列支、用于科技领域的各项经费；第二层次是指研究发展（R&D）经费，即某一个国家（或地区）各部门、各单位用于科学研究与发展活动方面的经费，目前联合国教科文组织（UNESCO）、经济合作与发展组织（OECD）均采用该指标反映科技投入情况；第三层次是指全社会对科技活动的投入，包括政府、企业、社会团体、个人甚至国外捐赠对科技活动提供的资金支持，但该指标由于科技活动界定难度大、难以全面获取相关数据而很少采用。

2.1.3 产业转型升级的相关概念

1. 产业

关于产业这一概念的定义，随着经济的发展，学者们的认识不断趋于完整。“产业”一词最早是由重农学派提出的，特指农业。在进入资本主义时期后，这一概念既可以指工业，又可以指国民经济中具体的产业部门。

而政治经济学中是这样定义产业的，即从事物质性产品生产的行业；到 20 世纪 50 年代，由于服务业和其他非生产性产业的兴起和发展，产业所包含的内容变得更加丰富，是指“生产同类产品（或服务）及其可替代品（或服务）的企业群在同一市场上的相互关系的集合”。我国产业经济学的著名学者杨治提出，“产业”的概念是居于微观经济的细胞与宏观经济的单位之间的一个“集合概念”，既是某种同一属性企业的集合，又是国民经济以某一标准划分的部分。

本书认为，根据社会分工的不同，各个具有相同或相似属性的经济活动集合可以称为产业。

至于产业的划分标准，学者们有着不同的看法，他们从不同的角度分别提出了不同的分类。马克思认为，根据社会产品在再生产过程中的不同作用，可在实物形态上把社会总产品分为两大部类，即第Ⅰ部类的生产资料生产和第Ⅱ部类的消费资料生产。

德国经济学家霍夫曼通过对工业化进程中产业机构比例关系和变化趋势的分析，按产品用途，把产业分成消费资料产业、资本资料产业和其他产业三类。并规定，某产业产品的用途有75%以上用于消费的归入消费资料产业；75%以上用于资本投入的归入资本资料产业，这一比例被称为“霍夫曼比例”。

三次产业分类法是产业及结构研究中一种较为普遍的方法，最早由费希尔（Fisher，1935）在《安全与进步的冲突》一书中提出，但没有总结出规律性的内容；此后，克拉克（Clark，1940）在其著作《经济进步的条件》一书中，提出三次产业分类的方法，并以此为基础研究了产业结构与经济增长之间的关系，并进行了被普遍认可的规律性的总结。因而，此种方法亦被称为“克拉克大分类法”。尽管这种分类方法受到当时产业部门的不齐全或不易分类而具有一定的局限性，但仍是目前世界范围内普遍公认的方法。

还有部分学者综合考虑了多种影响经济增长的因素，提出了五次产业分类的方法，如我国的张守一就主张把信息产业和知识产业分别作为第四产业和第五产业。2000年，考虑到可持续发展问题，刘思华提出了新的五次产业分类法，把生态产业划分为第五产业。

本书所研究的标准是国家统计局根据《国民经济行业分类》（GB/T 4754—2011）重新修订后的三次产业划分标准，具体如下表所示。

我国三次产业分类

三次产业分类	《国民经济行业分类》（GB/T 4754—2011）		
	门类	大类	名称
第一产业	A		农、林、牧、渔业
第二产业	B		采矿业
	C		制造业
	D		电力、热力、燃气及生产和供应业
	E		建筑业

续 表

三次产业分类	《国民经济行业分类》（GB/T 4754—2011）		
	门类	大类	名称
第三产业（服务业）	A	05	农、林、牧、渔服务业
	B	11	开采辅助活动
	C	43	金属制品、机械和设备维修业
	F		批发和零售业
	G		交通运输、仓储和邮政业
	H		住宿和餐饮业
	I		信息传输、软件和信息技术服务业
	J		金融业
	K		房地产业
	L		租赁和商务服务业
	M		科学研究和技术服务业
	N		水利、环境和公共设施管理业
	O		居民服务、维修和其他服务业
	P		教育
	Q		卫生和社会工作
	R		文化、体育和娱乐业
	S		公共管理、社会保障和社会组织
	T		国际组织

资料来源：国家统计局网站 http：//www. stats. gov. cn。

2. 产业结构

“产业结构”属于产业经济学范畴，这一概念于 20 世纪 40 年代兴起，起初被用来解释产业内部企业之间的关系以及各产业间的关系；一直到 70 年代，日本经济学家才给予其明确的定义。究其本质，产业间存在着相互促进与相互制约的双重关系，而这种关系恰恰是产业结构的本质特征，产业结构源于产业，是产业在经济活动中形成的一系列比例关系。我国学者杨治也提出了自己对产业结构的认识，认为有广义与狭义之分，差别在于是否包含产业关联。他认为，狭义的产业结构是国民经济各产业间的比例关系及其发展变化和产业的空间分布，广义上包括产业关联、产业空间布局和产业组织。

随着学者认识的不断深化，对产业结构的研究也逐步深入，并最终给予了明确的定义。从狭义角度讲，产业结构包括以下方面：产业的组合方式、类型，各产业的发展程度和技术水平，各产业之间的本质关系及其在经济发展中的作用。而广义的产业结构可以从量和质两个角度来解释：从量的角度分析，静态研究一段时期产业间的透出产出关系；从质的角度分析，动态揭示了产业间联系不断变化的趋势，起主导地位的产业部门不断更替的规律及其效益。

本书认为产业结构包括两层含义：从内部看，是各次产业的构成；从联系性看，是各次产业之间的比例和相互联系。

3. 产业转型

产业转型是一个较早的经济学概念，是指产业由发达国家或地区向不发达国家或地区转移的现象。目前，学术界对产业转型的定义还没有统一。综观国内外学者的研究，我们可以发现，产业转型可以分为广义和狭义两种。

(1) 广义的产业转型一般是在体制转型、流程转型和组织转型的基础上提出，强调产业的内生竞争优势，使产业的发展轨迹与产业环境保持高度的一致性和相容性，形成可持续的竞争优势。

(2) 狭义的产业转型是指跨产业转型，即从旧有的经营领域进入新的经营领域，以适应外界环境，提高竞争力。陈计旺 (1999) 把产业转型视为经济发展过程中区域间比较优势转化的必然结果，认为产业转型是通过跨区域投资，发达地区向欠发达地区不断转移劣势产业的过程。魏后凯 (2003) 认为，企业空间发生扩张的过程，也就是企业的区位调整和再区位的过程，这就是产业转型的实质。孙玉娟 (2007) 等则认为，产业转型是发达国家或地区通过多种方式，比如国际贸易和国际投资等，将一些产业转移到欠发达的国家或地区，从而带动欠发达国家或地区的产业结构调整，进而实现优化升级。

从产业与经济增长的角度出发，产业转型是低端向高端产业体系的转换；从更宏观的角度看，考虑到可持续发展的因素，产业转型则是从破坏环境向环境友好的产业体系的转换。因此，本书认为，产业转型在本质上是指一个国家或地区的产业体系通过内部结构调整和体系重构，改善产业与资源环境、产业与经济增长关系的过程。

4. 产业转型升级

自工业社会以来，人类进入机器时代，科技迅速发展，物质财富不断丰富，但与此同时，经济发展与自然资源、环境承载力之间的矛盾越来越尖锐。于是，产业转型升级开始成为人们关注的焦点和热点，学术界也一直致力于此研究。产业转型升级是指随着需求结构与要素结构的变化，整个经济活动从低技术水平、低附加值状态向高技术水平、高附加值状态的全面提升，包括市场结构、产业结构、地区结构和产业链上的功能结构以及发展方式的转换，这是顺应经济规律、符合生产力发展的内在要求。伴随经济社会的不断发展、科技水平的日益进步以及劳动生产率的不断提升，产业转型升级将是一个长期动态演进的过程。存量调整是产业转型升级的基础环节，增量培育则是产业转型升级的重要手段。

产业经济学普遍认为：产业由低层次转换为高层次，引起产业产出总量的增加，并导致产业结构高度化，这就是产业升级。关于产业结构高度化的体现，高秀艳（2004）指出总共有四方面：三次产业分别在GDP中的权重变化；产业结构依次在劳动、资本、技术和知识密集型产业四者之间演变；产业结构由加工水平低向加工水平高转化；产业结构从附加值低向附加值高演变。陆国庆（2003）把产业升级比喻为生物进化，他认为，产业升级也是结构从低级到高级、功能从简单到复杂的一个过程，因此，他将产业升级分为三类：产业产品使用价值增加、产业生产工艺改进、新技术固化于产品中从而提高产品技术含量。

2.2 理论基础

2.2.1 创新理论

熊彼特（Joseph A. Schumpeter）关于创新定义中的“新组合”主要包括：①产品创新，采用一种新的产品；②技术创新，在生产中使用新技术；③市场创新，开辟出新的市场；④材料创新，控制原材料或半制成品的新的供应来源；⑤组织创新，实现企业的新组织。熊彼特创新理论的提出，不仅开创了创新理论的先河，更为创新理论进一步的丰富和细化奠定了基础。随后，以曼斯菲尔德（E. Mansfield）为代表的技术创新理论和以诺斯（D. C. North）为代表的制度创新理论构成了新熊彼特主义，前者强调技术变革、模仿与推广在经济增长中的作用；后者重视制度变革对经济发展的影响，两者相辅相成，基于不同视角考察创新与经济的关系，共同推动经济增长。

20世纪50年代，随着国际竞争的愈演愈烈和科学技术的迅猛发展，创新给一国经济和人民生活带来了巨大影响，学术界对创新进行了更加深入细致的研究与讨论，进一步扩充和深化了创新理论，取得了一批重要的研究成果。研究对象涉及管理创新、文化创新、组织创新、创新层次、创新模式、创新扩散、创新战略、创新系统、创新与产业发展、创新与市场结构等多个方面，形成系统的创新理论体系，推进现代科技创新目标的实现。

由于创新主体的日益多元和科学技术的日益复杂，创新行为模式由早期的线性创新行为理论逐步发展到目前较为流行的非线性创新行为理论，形成五代演化模型。熊彼特（Joseph A. Schumpeter）的技术导向模型，强调技术研发是企业创新的根本动力，而市场被认为是创新的接受方，因而更多的工作应投入到科技研究开发当中。施穆科勒（J. Schmookler）的市场导向模型，强调市场需求对企业创新的影响，认为满足顾客需求才是创新的最终目的，科技研发只能被动接受。莫厄里（D. Mowery）的技术—市场模型，认为技术与市场共同推动企业创新的产生与发展，强调企业创新管理应加强企业研发与营销的联系反馈和沟通交流。随着线性创新模型已无法满足社会发展的需要，非线性模型发展起来，克莱恩（S. J. Kline）的网络创新模型强调企业创新有赖于企业内部研发、市场、组织、制度等各部门的有机结合。伊恩斯蒂（M. Iansiti）的集成创新模型，强调企业内、外部的整合与协作是创新的关键，突出强调创新的战略地位。此外，许庆瑞教授也针对我国创新行为模式进行了深入的分析和探讨，他认为我国创新管理演化依次经历了企业技术创新模型、企业合作创新模型和企业全面创新模型三个阶段，最终通过系统集成创新综合提高企业创新能力。

成功创新的关键因素包括：从全局、战略视角出发；充分利用企业内、外部的有效资源和关系；建立适于创新产生的配套机制；创造支持创新的企业文化。尤其是在当今社会，由于社会分工的细化和科技更新的加快，单靠一个企业的力量往往不足以承担全部科技研发的成本和风险，也不可能具备创新所需的全部知识和技术。在此背景下，创新要素的自由流通和科技资源的统筹规划有助于实现高新技术的研究与开发。因此，技术创新突破了学科间、产业间的原有壁垒，多方协作成为现代科技创新和企业持续发展的必然选择。

2.2.2 科技协同创新系统理论

1. 系统的特征

科技协同创新系统具有一般系统的共同属性与整体运动规律，即整体性、开放性、动态相关性、层次定级性和有序性。认识系统的这些基本特征，对于分析科技协同创新系统具有重要的指导意义。

1）系统的整体性

系统整体性是系统最本质的属性，其根源于系统的有机性和系统的有效组合作用。其基本原理包括：首先，系统中的要素并不是毫无秩序、随意排列组成的，都是按照一定的秩序，遵循一定的组合规律形成的有机整体。系统与要素是相互依存、不可分割的。其次，系统整体的功能不是各个要素功能的简单叠加。整体的功能可能大于要素功能之和，也有可能小于要素功能之和，并且系统整体具有不同于各个要素的新功能。系统的整体效应具有构成该整体的各个部分自身所没有的新的性质或功能。

科技协同创新系统的要素是科技协同创新整体性的基础，系统如果失去其中一些关键性要素，或者关键要素存在问题，那么系统的整体性就难以发挥。如果系统整体要素能够协同发挥各自功能，则可以通过非线性的相互作用，产生一些新的功能。

2）系统的开放性

贝塔朗菲（Bertalanffy）认为，系统具有开放性。系统在发展的过程中，不断与环境相互作用，进行物质、能量和信息的交换，从而使得系统可以有条不紊地发展，在环境中保持一种稳定状态。开放性对于系统来说是必不可少的，是维持系统活力的所在。

科技协同创新系统和其他许多系统一样是一个开放系统，与外界环境之间存在输入、输出关系，存在着一个不断发展和进化的演变过程。

3）系统的动态相关性

系统的相关性指的是系统要素之间的相关性、要素和系统之间的关联性、系统和环境之间的交换机制，这三者是互为一体、不可分割的。同时系统的状态不是一成不变的，而是随着时间在不断地变化发展，要素、系统和环境等这些因素都对系统的状态发展起着不同程度的影响。

科技协同创新系统是会发展进步的，系统往往随着社会、科技、经济的变化而变化，它是复杂的、自身能演化发展的系统，系统各要素之间相互作用、相互适应。

4）系统的层次等级性

一切物质系统都是有层次结构的。系统中包含不同层次的结构，不同的层次之间相互联系、共同作用于该系统。与此同时，层次也有高低等级之分，越高级的层次，构成越复杂，并且一个系统有可能成为另一个系统的某一个层次。因而人们对事物的认识也只是对其某一层面的认识。

科技协同创新系统具有层次性，任何一个科技协同创新系统都由多个层次的子系统构成，各个子系统形成由简单到复杂、由低级到高级的等级序列。科技协同创新系统层次性的特点主要表现为：区域内企业的协同创新动力状况，决定着科技协同创新活动是否具有活力，而协同创新不同主体间的协调状况，又制约着企业协同创新的积极性。

5）系统的有序性

系统的空间结构层次是有序的，结构层次的等级越高，系统的有序程度也越高，结构层次能更好地体现其优越性，这样系统的整体功能可以有效发挥，并且系统的发展进程也是有序的，都需要从低级结构向高级结构一步一步地发展，不能一步实现飞跃，即需要时间的沉淀，两者共同决定了系统的时空有序性。

科技协同创新系统与生态系统一样，具有发生、形成和发展的过程，从空间上来看，系统结构会经历一个去繁存简、由复杂变精简的过程；从时间上来看，系统发展一般要经历三个不同的时期，即初始期、成长期和完善期，每一时期都表现出鲜明的历史特点，整个过程又是一个由低级向高级、由不成熟向成熟的过渡过程。

2. 系统理论

系统理论是用以解释系统结构、特征、规律的理论和方法，是处理复杂问题的有效手段，基于整体视角分析各要素之间的协调关系。系统的思想由来已久，但真正作为一类学科登上学术舞台，归功于生物学家贝塔朗菲（L. V. Bertalanffy）。随后，社会的发展和实践的展开，丰富了系统论的研究内容和应用范围。实践中，可借助系统理论的思想和方法分析现实问题，将研究对象看作一个复杂的系统，考察系统的模式和特征，研究系统的变化规律和要素的作用机制，最重要的是充分利用研究结论有目的地调整、改进、管理系统，实现系统优化。

利用系统理论对问题进行研究和分析时，需要把握以下几点：要素只有在系统中才能够发挥它的效用，一旦脱离，其功能将无法体现，即系统整体不可分；系统能够产生单个要素及要素总和所没有的特征和功能，这源于各要素之间复杂的非线性作用，说明简单的加和关系不成立，即系统非线性原理；相互影响、相互作用的各要素组成系统时，会失去自身的某些特性，从而形成系统整体所特有的某种功能和性质，即系统凸显性分析。

3. 科技协同创新理论

科技协同创新是指创新资源和要素有效汇聚，通过突破创新主体间的壁垒，充分释放彼此间的“人才、资本、信息、技术”等创新要素活力而实现深度合作。

协同创新是一项复杂的创新组织方式，其关键是形成以大学、企业、研究机构为核心要素，以政府、金融机构、中介组织、创新平台、非营利性组织等为辅助要素的多元主体协同互动的网络创新模式，通过知识创造主体和技术创新主体间的深入合作和资源整合，产生系统叠加的非线性效用。协同创新的主要特点有两个：第一，整体性，创新生态系统是各种要素的有机集合而不是简单相加，其存在的方式、目标、功能都表现出统一的整体性；第二，动态性，创新生态系统是不断动态变化的。因此，协同创新的内涵本质是：企业、政府、知识、大学、研究机构、中介机构和用户等为了实现重大科技创新而开展的大跨度整合的创新组织模式，协同创新通过国家意志的引导和机制安排，促进企业、大学、研究机构发挥各自的能力优势整合互补性资源，实现各方的优势互补，加速技术推广应用和产业化，协作开展产业技术创新和科技成果产业化活动，是当今科技创新的新范式。

教育部“高等学校创新能力提升计划”（简称：2011 计划），自 2012 年启动实施，四年为一个周期，旨在建立一批“2011 协同创新中心”，探索科技协同创新新模式，推进高校之间，高校与科研机构、政府企业和其他国外科研院所间的合作，营造适合科技协同创新发展的优良氛围。

协同创新中心主要针对四种类型：科学前沿、文化创新传承、各个行业产业及区域发展。

（1）面向科学前沿的协同创新中心，以自然科学为主体，以世界一流为目标，通过高校与高校、科研院所以及国际知名学术机构的强强联合，成为代表我国本领域科学研究和人才培养水平与能力的学术高地。

（2）面向文化传承创新的协同创新中心，以哲学社会科学为主体，通过高校与高校、科研院所、政府部门、行业产业以及国际学术机构的强强联合，成为提升国家文化软实力、增强中华文化国际影响力的主力阵营。

（3）面向行业产业的协同创新中心，以工程技术学科为主体，以培育战略新兴产业和改造传统产业为重点，通过高校与高校、科研院所，特别是与大型骨干企业的强强联合，成为支撑我国行业产业发展的核心共性技术研发和转移的重要基地。

（4）面向区域发展的协同创新中心，以地方政府为主导，以切实服务区域经济和社会发展为重点，通过推动省内外高校与当地支柱产业中重点企业或产业化基地的深度融合，成为促进区域创新发展的引领阵地。实施范围面向各类高校开放，以高校为实施主体，积极吸纳科研院所、行业企业、地方政府以及国际创新力量参与。

2.2.3 协同学理论

1. 协同学的产生与发展

协同学是20世纪70年代以来在多学科研究基础上逐步形成和发展起来的一门新兴学科。该理论的创立者是德国斯图加特大学教授、著名的物理学家哈肯（Haken）。协同思想最初来源于他对于激光现象的研究，他发现任何复杂系统既有独立的运动，又有相互作用的整体运动，当系统中的子运动都占据主导地位的时候，各不相让，整体运动就表现出一种无规则、无法预计的无序运动；而当这些子运动相互影响、相互作用的时候，整体运动处于主导地位，整个系统就呈现出有规律的有序运动。他在 1971 年发表的《协同学：一门协作的科学》一文中提出了协同的概念。他认为自然界的每个系统都是具有不同的时间和空间特性的，它们的结构层次和特征属性也是不同的，但在环境的作用下，各个系统之间又是存在联系的，每个个体之间是相互作用、相互影响的并且存在着一系列物质能量的交换。在 1976 年出版的《协同学导论》一书中，哈肯系统地论述了协同理论。20 世纪 70 年代末 80 年代初，哈肯（Haken）在研究协同论时间和空间有序的基础上，把内容扩充到功能有序上，从而使协同论的研究更有深度。1983 年出版的《高等协同学》标志着协同学的微观理论走向成熟。目前，协同思想及理论被引入多个学科领域，例如：在经济学领域，英国卡迪夫大学的库克（Cooke，1998）在研究“区域合作优势”（Co - operative Advantage of Region）时发现区域科技协同创新中的创新行为主体间合作关系比竞争关系更重要，且不同的制度环境会因区域整体利益而改变，从而促成协同经济的出现，形成区域竞争优势。卡恩（Kahn）等国外学者认为，首先，创新要素和创新行为的主体之间的互动和合作是十分重要的，两者必须兼顾，忽略任何一个，都不能取得较好的区域科技协同创新绩效。其次，区域内或区域间的创新资源的共享，会有助于区域科技协同创新绩效的提升。最后，区域科技协同创新资源的整合是重要的、必需的，但仅仅“整合”是远远不够的，必须更加强调区域科技协同创新行为主体间的协同作用，从而取得单个创新主体无法取得的协同效应（即“1＋1＞2”）。

在管理科学领域，安索夫（Ansoff，1965）在《公司战略》一书中指出，协同（Synergy）是指相对于各独立组成部分进行简单汇总而形成的企业群整体的业务表现，是基于资源共享基础上的两个企业之间共生互长的关系。

随着协同理论在创新研究中的引入，我国一些学者从哲学、经济学和管理学等角度对协同问题进行了研究。其中彭纪生采用多个学科的理论知识和方法，对技术协同创新理论进行系统的界定，对结构层次的协同作用进行分析，并研究系统中各个要素之间的相互作用机理和内在机制，由此开创了技术协同创新系统研究的先河（彭纪生，2000）。此后，其他学者从不同层面对协同创新进行研究，包括微观层面的企业创新要素全面协同（郑刚，2006；陈劲等，2007）、中观层面的协同创新体系（徐力行，毕淑青，2007；顾菁，薛伟贤，2012；杨洁，2013）和宏观层面国家、区域的协同创新体系（陈文俊，2005；肖德云等，2009）。

2. 协同学的内涵

协同学主要是研究远离平衡态的开放系统在外界有物质或能量交换的情况下，如何通过自己内部协同作用，自发地出现在时间、空间和功能上的有序结构的理论。概括而言，协同学把系统的有序称为“自组织”；把不同聚集状态之间的转变过程称为“相变”；把子系统间的随机波动而导致系统宏观量的瞬时值偏离平均值的现象称为“涨落”；把影响系统有序的关键因素称为序参量，非关键因素称为控制参量。

协同学采用统计学的方法，利用不同学科的分析思想，提出了多维相空间理论，建立了有序和无序的相互转化的运行机制，确定了系统的秩序状态以及系统的协同作用的条件和实现方式，完成了从微观状态到宏观状态的过渡，阐明了自然界中各种开放系统从无序到有序的转变规律以及系统由有序到无序的演化规律。协同学是现代科学各个学科中系统论、信息论、突变论、结构耗散理论等理论思路结合在一起的最新成果。

3. 科技创新的协同学剖析

随着市场竞争的日益加剧，技术创新的日渐复杂，单个创新主体已经很难独自完成创新的整个过程，内外部环境的变化客观上要求创新主体不断提高规避风险的能力和增强创新能力，充分利用稀缺的创新资源，提升创新效率，走协同创新的道路。协同创新的主体是相互依赖又相互竞争的经济实体。之所以协同，是因为协同创新的效能远远高于单个创新，或者是某项任务的复杂程度只有通过协同运作才能完成。因此，协同创新主体之间是一种既竞争又合作的协同关系，这种协同关系需要彼此间的关系协调、行为配合、资源互动和信息反馈才能有效运行。各主体间的竞争是实现资源有效配置和经济运行效率提升的关键，合作是强调参与协同创新的各行为主体在创新活动的每一个环节，需要逻辑上和物理上的相互依赖。基于竞争合作的协同创新活动中，各方由于利益、动机、时间、资源、能力和效率各有不同，难免产生冲突和矛盾。为了减少冲突、消除矛盾、简化程序、降低成本，协同创新各方的关系协调、行为配合、资源互动和信息反馈的整体运行机制必须建立起来。依靠系统内部的制约机制和运作系统，使利益主体各方最终目标一致地开展工作，从而将分散的创新能力通过区域内部运作机制转化为一种自组织能力，实现系统在时空和功能上有序的协同创新。

协同创新则是在特定空间内具有相互依存性的创新主体，出于某种动机、利益和目的，通过自组织有机地结合在一起，相互配合、协调一致地开展创新活动。本书将协同纳入科技创新系统研究中，在分析科技创新系统特性的基础上探讨科技创新的协同学机理。

（1）科技协同创新系统不断地协同利用整个系统中的创新要素，以实现科技创新的协同作用。在协同作用过程中，物质流、能量流、知识信息流以及人才的流动都对科技创新系统起到关键的影响，只有这些要素不停地轮转、运行，创新系统才能处于一种开放状态，便于创新活动的进行。

（2）科技创新系统处于远离平衡状态。科技协同创新系统根源于创新资源的稀缺性及互补性。科技协同创新系统处于不断变动的外界环境之中，并与外界环境不断地进行物质、信息和知识的融合，促使其系统处于远离平衡的状态，而非平衡的结果是消除旧的结构，建立新的结构，破旧立新，才能使得系统中创新要素不断地整合，使得系统可以不断地有序发展。

（3）当外界环境向科技创新系统中进行要素输入时，系统可以通过自身的正反馈机制，对自身的要素进行耦合，从而对不同的环境条件表现出自主性、自协同和自身的稳定状态。科技创新的不同主体之间通过协同创新加速系统内创新要素的整合，产生系统整体的协同效应。

2.2.4 产业转型升级理论

1. 产业结构演进理论

配第（Petty）可以说是最早关注产业结构演变趋势的学者，他在著作《政治算数》中通过两个层面的比较发现：在国内，英国船员的收入是农民的4倍；和欧洲其他国家比较，荷兰的人均国民收入最高。据此他提出自己的观点，认为比起农业来，工业的收入多，而商业的收入又比工业多。配第的这一研究成果说明了产业结构的演变与经济发展的基本方向。

进入20世纪30年代，产业结构演进理论得到了进一步充实，这一时期具有代表性的经济学者包括费歇尔（A. G. Fisher)、克拉克(Clarke)、库兹涅茨（Kuznets）和钱纳里（Chenery）等人。

1935年，费歇尔（A. G. Fisher）在《安全与进步的冲突》一书中，以历史数据为基础，认为在世界经济范围内生产活动可以划分为三个阶段：第一阶段的生产活动主要是农业和畜牧业；第二阶段的生产活动主要是大规模的工业生产；第三阶段的生产活动主要是资本和劳动力向教育、旅游、文化等方面转移。针对这三个阶段首次提出了三次产业的划分方法，他认为处于第一阶段的是第一产业，其产品直接来自自然界；处于第二阶段的是第二产业，对第一产业的产品进行加工；处于第三阶段的是第三产业，为满足第一、第二产业以及人们的其他生活需求，也就是服务业。费歇尔虽然对产业进行了分类，但并没有太多规律性的总结可供参考。

克拉克（Clarke）在配第（Petty）和费歇尔（A. G. Fisher）的基础上进行了总结和验证，他把经济分为三个主要部门（三次产业），通过分析40多个国家、地区在不同时期三次产业的劳动投入产出数据资料，得到了新的观点：当人均国民收入提高时，劳动力会随着人均国民收入的提高，首先从第一产业向第二产业转移；收入进一步提高时，则转向第三产业；劳动力数量在第一产业会逐渐减少，在第二、第三产业将增加。而这种流动性源于产业之间劳动力的收入是不同的。

库兹涅茨（Kuznets）在克拉克（Clarke）研究成果的基础上，开始了系统性的计量分析。他在1971年出版的《各国的经济增长》一书中，对57个国家的原始数据处理后作了截面分析和实践序列分析，从劳动和部门产值两个方面深入分析了人均产值及产业结构变动之间的关系。他认为，人均产值在70～300美元时，农业部门的比重会降低，相对地，其他部门则上升，但其他部门内部的结构变动不大，这里主要是指工业和服务业；人均产值在300～1000美元时，农业部门和其他部门比重之间变动不明显，而其他部门内部结构则发生明显变化。总体来说，人均产值是产业结构变动的原因所在。但库兹涅茨（Kuznets）的理论没有考虑到资源并不一定能够最优化配置现象的存在，其数据的局限性也决定了这一理论只适用于某一特定时期，不能从长期的角度验证经济增长与产业结构之间的关系。

钱纳里（Chenery）对产业结构演进的一般趋势进行了总结，他以101个国家在1950—1970年这一时间段的统计数据为基础，通过选择若干个基本经济过程和变量来描述各个国家发展的基本特征，设计了一个反映结构转换的主要变量典型性关系的“发展型式”，再通过模型回归，得到一个经济发展不同阶段所具有的经济结构标准数值，即“标准结构”。根据他的理论，人均国民生产总值100～1000美元，是结构发生变化的重要区间，在这一过程中，会伴随重要的积累和资源重新配置。钱纳里（Chenery）还对制造业内部开展了研究，发现产业间存在的关联效应是制造业内部结构得以转换的根本原因。并根据人均产值将整个工业成熟的过程分为三个阶段和六个时期，即工业化阶段理论。

2. 产业发展相关理论

产业发展理论主要是研究产业发展过程中的规律性、周期性特征，并分析对产业发展具有影响的因素。从区域分工和国际贸易角度看，主要代表理论有亚当·斯密（Adam Smith）的绝对优势理论、大卫·李嘉图（David Ricardo）的相对优势理论以及俄林（Ohlin）的要素禀赋论。

亚当·斯密（Adam Smith）于1776年出版了著作《国富论》，其中提出了绝对成本的概念及相关理论。这一理论从一个国家内部的分工扩展到各国之间的分工，主张进行自由贸易。他认为，各国进行分工的标准是绝对成本的高低，原则是成本的绝对优势，由于每个国家都具有生产某些产品的绝对有利条件，进行专业化的生产后再进行交换，就形成了绝对优势；受此影响，生产要素也必然会由生产效率较低的产业向生产效率较高的产业转移，进而使资源得到高效率的使用，产业得到发展。这是第一次将国际贸易的相关内容融入产业结构的研究，但斯密的理论也有一定的局限性，他无法解释那些发生在完全不具有优势和具有各种优势的国家间的贸易行为。

大卫·李嘉图（David Ricardo）在亚当·斯密（Adam Smith）的基础上，建立了相对优势理论，也称为比较优势理论。他构建了一个包括两个国家和两种产品的模型，指出由于劳动生产率的差异使得商品的相对成本也不尽相同。产生国际贸易的原因是生产技术差别导致的生产成本差别，一国应集中生产那些具有比较优势的产品，这就决定了生产要素在这些部门的相对集中，进而影响产业结构的构成。1817年，他出版了《政治经济学及其赋税原理》，对该理论进行了表述。这一理论从劳动生产率差异解释了国际贸易的发生，虽然至今还具有较为广泛的适用性，但并没有对导致各国存在这种差异的原因进行分析和总结。

俄林（Ohlin）一方面继承了赫克歇尔（Heckscher）的研究成果，另一方面进行了修正和发展，提出了要素禀赋论，其代表作为1933年出版的《区际贸易与国际贸易》。该理论提出，当商品的市场价格与生产商品的生产要素价格相等时，产生贸易的原因是要素禀赋本身的结构差异和这种差异所导致的要素相对价格的差异，这一理论建立在一定的假定条件基础上，即增加生产的某种产品的机会成本，不会因为生产要素的转移而改变。但实践证明，贸易大多发生在要素禀赋相近的国家之间，后来里昂惕夫（Leontief）以美国的国际贸易情况，提出了与这一结论相悖的观点。

还有一类产业发展理论从产业发展的模式角度出发，具有代表性的是日本学者赤松要（Kaname Akamatsu）的雁行理论（Flying - geese model）、刘易斯（A. Lewis）的二元经济发展模式和赫希曼（A. Hirshman）的不平衡增长理论。

日本经济学家赤松要（Kaname Akamatsu）在 1935 年提出了雁行理论，他通过对日本棉纱、棉布和纺织业的实证研究发现，日本某个产业的发展“通常依次经过进口、生产和出口等各个时期，据此我们可将某一产业的进口、生产和出口的雁行发展定式化”，这被认为是这一理论最初的表达形式，他的学生小岛清（Kiyoshi Kojima）将这一理论定位为后发国家“追赶型的产品生命周期理论”。这一理论描述了成熟产业在国际间的转移过程，主张将动态和静态的比较优势相结合，在投资国与被投资国之间实施动态的产业转移以及分工的垂直化，即产业梯次传递。在 1956 年，他通过对国内机械仪表工业的实证分析，对这一理论进行了进一步的验证与说明。雁行发展模式对日本乃至东亚的经济发展都起到了积极作用，但后期日本由于创新不足和产业结构调整缓慢，雁行模式走向衰落。

美国经济学家刘易斯（Lewis，1954）在农业边际劳动生产率为零、农业人均产出水平决定农业部门转移出的劳动力工资水平以及农业收入储蓄倾向低于工业利润储蓄倾向这三个基本假定的基础上，提出了二元经济发展模式。他认为，一国中存在着生产方式、生产率都不同的工业部门和农业生产部门，在发展过程中，农业部门的剩余劳动力会向城市转移，产生这种现象的原因在于：一方面，农业的边际劳动生产率为零，其相对价格又较低，工业部门能够在劳动力供给价格与边际劳动力的差额中获得经济效益；另一方面，工业储蓄倾向相对比较高，工业对农业剩余劳动力的吸收能力也较高。但这一模式存在着一定的缺陷：不够重视农业对工业的促进作用，无限的劳工供给与现实不符。

赫希曼（Hirschman，1958）在《经济发展战略》一书中提出了不平衡增长理论。基于对资源在发展中国家具有稀缺性这一认识，他认为不可能所有的部门都能够使用这些资源，要想经济能够发展，就要有选择性地将稀缺资源利用到某些部门，使其发挥最大化效用，并通过外部经济带动其他部门的发展，这就是不平衡增长理论的切入点。主要包括引致投资最大化、关联效应和优先发展进口替代工业三个主要内容。这一理论主张，率先发展某一类或某几类具有带动效用、社会成本低、外部经济好的部门，并集中有限的资源支持那些具有较强产业关联度的部门，当这些部门得到发展后，会通过自身的前向、后向和旁侧关联效应以及资源的优化配置效应，带动其他部门的发展。在实施过程中有两条途径可以选择：政府重点投资于社会固定资产或者私人投资于制造业部门。但这一理论比较适合应用于资源稀缺和经济发展水平不高的阶段，对发展中国家具有指导意义；随着经济的发展，产业间矛盾加剧，此时就要调整结构，尽量实现均衡增长。

3. 产业链理论

国外对产业链的研究，很少以产业链为关键词在学术文献中出现，而重在研究价值链、商品链、供应链。但产业链的思想起源于亚当·斯密（Adam Smith）的劳动分工论断，来源于马歇尔（Marshall）的企业间分工协作理论，形成于赫希曼（Hirschman）的产业关联理论和列昂季耶夫（Leontief）的投入产出模型。随着波特（Poter）开创性地以“链（chain）”的思想提出对产业链理论研究最为关键的价值链理论之后，克鲁格曼（Krugman）和开普林斯基（Kaplinsky）等相继围绕产业、企业内外之间，各价值链环节在不同空间范围内进行配置问题开展研究，进而产生了全球价值链理论。与此同时，史蒂文斯（Stevens）和霍普金斯（Hopkins）相继提出了供应链和商品链的概念，伴随经济全球化和全球生产体系的发展，格里芬（Gereffi）等在深入研究全球商品链治理结构的基础上，提出了以生产者驱动与购买者驱动二元模式为主要内容的全球商品链理论。

自产业链概念在中国提出以来，国内学者龚勤林、郁义鸿、吴金明、刘贵富等先后从不同角度对产业链进行了研究。龚勤林（2004）认为，产业链是各产业部门之间按照一定的技术经济联系并依据特定的逻辑关系与空间关系，形成一种类似链条式关联的客观形态；郁义鸿（2005）指出，产业链是产品从开始的自然资源物态到加工成最终消费产品的过程中各环节所构成的整个生产链条；吴金明等（2006）将产业链归纳为由供需链、企业链、空间链和价值链四个维度有机组成的链条；刘贵富等（2006）则将产业链描述为在一定的空间范围内，有竞争力的企业，同与其相关联的企业之间按照市场关系，以产品为链条联结成具有价值增值功能的链网式企业联盟。综合分析国内外关于产业链的研究论述，可以看出学者们主要从供需链、产品链、价值链、技术链和空间链五个视角，从不同层面揭示了产业之间的不同类型的关联表征，综合构成了产业链内涵的五个维度。

4. 产业生态学理论

从文献研究来看，产业生态的概念源于罗伯特·艾尔斯（Robert U. Ayres）“产业代谢”理论的启示，罗伯特·弗罗施（Robert A. Frosch）首次提出产业生态系统的概念，格雷德尔（T. E. Graedel）提出线性模型、不完全循环模型和闭路循环模型的产业生态系统的三级进化理论。参照自然生态系统的运作方式，霍肯（Paul Hawken）、洛温塔尔（Micah D. Lowenthal）和尤尼·高亨（Jouni Korhonen）等将生态系统的概念应用到整个产业运作之中，奠定了产业系统的生态隐喻理论基础，并从生态学角度，运用物质和能量流分析、要素流分析、生命周期评价等技术分析方法开展研究。依据自然生态的有机循环原理，一个企业产生的废弃物或副产品，成为另一个企业的原材料，不同类别的产业、企业之间横向和纵向共生，以及不同企业或工艺流程间的横向耦合及资源共享，形成类似于生态系统中食物链（网）的产业循环生态链（网），使能量和物质的消费得以优化，废弃物的产出被最小化。工业生态园区作为由制造业企业和服务业企业组成的群落社区，被劳爱乐（Emest Lowe）、沃伦（Warren）、樊海林等国内外学者普遍认为是产业生态理论最主要的实践载体。20 世纪 80 年代以后，产业生态学理论逐步形成，在可持续发展的国际思潮影响下迅速发展，根据国际产业生态学学会界定，研究领域主要涉及环境设计、产业技术变革与环境、产业生态系统和生态工业园、物质和能源流研究等 12 个方面和全球（或社会）宏观、产业（或园区）中观、企业（或个人）微观三个尺度。

5. 产业转型升级

产业转型升级，即向更有利于经济、社会发展方向发展，就是产业结构高级化。世界银行（2008）提出了发展中国家产业转型升级的两大要件：一是增加高端产业基础设施和生产资料投资；二是通过高等教育提高人力资本水平。产业转型升级的关键是技术进步，在引进先进技术的基础上消化吸收，并加以研究、改进和创新，建立属于自己的技术体系。产业转型升级必须依赖于政府行政法规的指导以及资金、政策支持，需要把产业转型升级与相关服务结合起来。

目前，我国许多地方都在大力推进产业结构转型升级并取得了积极进展，但也存在一些误区，如一些地方认为转型升级就是淘汰传统产业尤其是一些夕阳产业转而发展新兴产业，因而一哄而上去追逐新兴产业。发展新兴产业当然是产业结构转型升级的重要途径，但不是唯一途径。再如，为了实现产业结构转型升级，一些地方搞“一刀切”，要求区域内所有城市都必须实现第三产业增加值超过第二产业增加值。这其实也不尽合理。第三产业增加值超过第二产业增加值是产业结构转型升级的重要表现，但并不是对所有区域、所有城市的统一要求。相对而言，特大城市更适合于发展第三产业。

事实上，产业结构转型升级中的“转型”，其核心是转变经济增长的“类型”，即把高投入、高消耗、高污染、低产出、低质量、低效益转为低投入、低消耗、低污染、高产出、高质量、高效益，把粗放型转为集约型，而不是单纯的转行业。转行业与转型之间没有必然联系，转了行业未必就能转型，要转型未必就要转行业。产业结构转型升级中的“升级”，既包括产业之间的升级，如在整个产业结构中由第一产业占优势比重逐级向第二、第三产业占优势比重演进；也包括产业内的升级，即某一产业内部的加工和再加工程度逐步向纵深化发展，实现技术集约化，不断提高生产效率。只有正确理解产业结构转型升级的这些内涵，才能在实践中避免出现偏差。

2.3　科技协同创新与产业转型升级的关系解读

2.3.1　科技协同创新与产业转型升级的耦合协调分析

科技协同创新与产业转型升级通过以企业为主体的要素关联、技术创新的功能关联和物质制度的环境关联，在远离平衡态下，科研机构、地方政府或公共管理机构、企业、金融、中介机构和社会组织等不同的个人和组织行为，通过人才、信息、知识、技术、资金、物质等资源要素双向循环流动，实现能量递换，在动态反馈过程中，两者相互影响、相互作用，在功能层面和环境层面实现耦合协调，如图 2-3 所示。

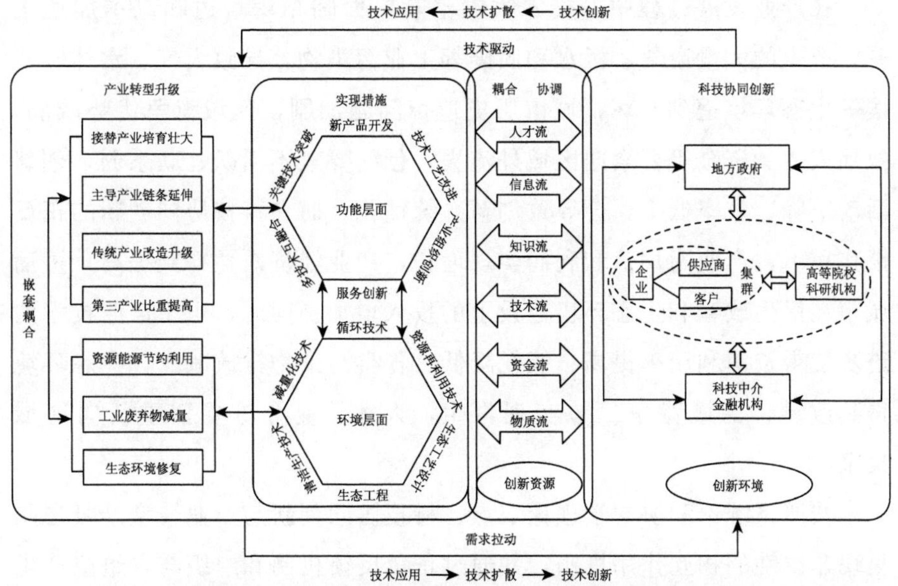

图 2-3　科技协同创新与产业转型升级的耦合协调

1. 功能层面

科技协同创新在科技投入增加和产业创新环境建立的条件下，人才、技术、资金等创新资源要素，在企业、政府、研究机构和中介机构各主体要素协同作用下有序流动，通过知识创新创造、知识流动扩散和知识转化应用等过程进行技术创新，解决关键技术，优化生产工艺，提高资源利用率和加工深度，增加产品附加值，研发新兴产品，增加市场需求，改变市场需求结构，促进产业结构调整。

产业发展为了克服资源枯竭的约束力、环境负效应的倒逼力，增加产业综合竞争力，会继续增加对科技创新资源要素的需求和投入，这将对科技协同创新产生正反馈叠加效应，使得科技创新主体结构更加完善，创新主体黏性进一步增强，运行机制更加有效，创新效率进一步提升，并且对区域外科技创新资源要素产生虹吸效应，形成更加强大的创新场，加快技术的创新、扩散，技术不断进步，科技协同创新在这种循环催化和非线性耦合协同作用下，会自组织有序地朝着高级方向演进。

2. 环境层面

在产业发展过程中，资源大量消耗，面临枯竭，边际成本加速上升，产生的大量废气、污水和固废等工业污染物，导致大气、水体、土壤等生态环境遭到破坏，城市历史遗留问题加剧，区域竞争优势减弱，致使人才、资金等要素向区域外流失，创新要素不活跃、联系弱，创新活动下降、效率低下，会导致创新系统钝化。而在科技协同创新的正反馈作用下，产业附加值和利润实现增长，产业经济效益得到提高，进而城市在民生改善和生态环境建设上的投入增加。同时，由于产业技术的进步使得资源利用率提高、能耗降低、各类污染物排放减少，生态环境得到改善，区域竞争优势实现再生，人才、资金等要素重新向区域集聚。

按照系统论和协同学理论观点，科技协同创新与产业转型升级之间呈现非线性的相互作用机制，并通过正负反馈机制和组织与自组织产生非线性耦合协同作用。这种非线性耦合效应将导致产业发展主体回路结构和科技协同创新主体回路结构相互转移、循环催化和嵌套耦合，促使产业发展和科技协同创新向高级有序结构螺旋式演进。

2.3.2 科技创新对传统产业的作用机理

1. 丰富了传统产业的表现形式

传统产业的主要表现形式为劳动密集、资源密集，并且多以加工制造的形式存在。如法国洛林地区，在没有进行产业转型升级之前，以采矿、冶金、纺织为三大支柱产业，因其他国家、地区的采矿业和冶金业的崛起，洛林地区不再拥有优势。在合理地运用科技创新之后，洛林地区形成了新的工业产业，精密加工、汽车生产、各类服务业都得到了迅速发展，其传统产业的表现形式不再单一，而是变得丰富起来。

又如 1895 年诞生的电影产业，经过了无声电影、黑白电影、有声电影、彩色电影的发展，直到现在发展出 3D 电影。其还在不断向 4D、5D 发展，追求让观看人群拥有身临其境之感。电影产业表现形式的丰富，正是科技创新的作用。随着科技创新的推动，传统产业生产的产品不断向智能化、人工化、真实化发展，表现形式日趋丰富多样。

2. 提高了传统产业的技术含量

将高科技技术直接应用于生产自动化和产品智能化很重要，许多国家的技术培育和转移科学实验中心已经针对将高科技技术直接应用于生产自动化和产品智能化的方法问题展开研究。技术的滞后将使产品在质量和数量上低于高科技技术生产的产品。我国传统产业的科技含量在生产中所占的比例较低，导致了“中国制造”而非“中国创造”。我国需要不断探索，在科技创新上投入更多的财政力量，从创新的生产者（大学和研究所）、集体经济组织（商会）和专门处理科技对传统产业影响的自治机构入手，开展科技提高传统产业技术含量的研究。

茅台酒厂是我国第一批运用科技创新提高传统产业技术含量的企业。其从自身特点入手，运用科技创新的技术研究生产机理和酿酒方法，从酒中分离出已酸菌，从而突破了传统工艺在茅台酒生产过程中的限制问题，提高了茅台酒生产过程中的技术含量。其在运用科技创新提高技术含量的过程中，运用新技术解决传统问题，使企业更加适应现代化市场。

3. 拓展了传统产业的发展方向

通过科技创新可以改变传统产业发展方向固定的局限，驱动传统产业多方位发展。例如，通过与高科技的结合既可使传统产业向战略性新兴产业发展，也可使传统产业向低污染、低能耗的朝阳产业发展，如德国老工业区在进行传统产业的转型时，选择降低工业生产的比重，同时扶持旅游业和服务业，利用废弃工厂和老设备，发展工业历史旅游项目，创造出截然不同的发展路线。位于成都的东郊记忆同样是将旧厂房进行小规模的改造，形成富有特色的旅游景点。

在知识集聚的地区，由于高科技资源和知识资源的集中，新技术的创造往往会更有效率。发展正是要利用这些地区和企业，从不同的角度和视角去思考传统产业的发展方向，制定出可持续性发展的方案。

4. 促进了传统产业的转型升级

传统产业的转型升级，实质是将最新的科技和高新技术，如信息、生物、循环利用等技术运用到生产中，推动产业转型升级发展。高新技术具有高附加值、高关联度、高渗透性的特点，其发展可以很好地带动传统产业的转型升级和上下游产业的联动发展。从第三次工业革命来看，科技创新不仅改造了制造业，还诞生了以互联网、可再生性能源为融合导引的新兴产业，通过促进物质产品与服务的融合，提供了全球经济向互联网、信息技术、“低碳”等新产业发展的产业升级机会。

20世纪80年代中期，中国台湾新竹科学工业园在工程院和政府的大力支持下，和大学合作开展许多培养计划，使新竹区科技创新能力得到加强，在传统产业的转型升级中，科技创新的高速度也很快推动了当地产业的转型升级。通过科技创新方式解决了高投入低产出、污染严重等问题，在产品次品率降低的同时也降低了生产成本，从而提高产品的利润率。

3 经验与启示

鉴于国际竞争和国内发展的新形势、新要求，“十二五”以来，中央明确提出，要以科学发展为主题，以加快转变经济发展方式为主线，推动我国经济发展更多依靠科技创新驱动。而实现这一任务，必须着眼于解决制约科技创新和发展的突出问题，为科技创新和发展培育、营造有利的环境。这些问题主要表现在：对科技创新政策制定过程中的法律制度体系建设还不够重视，导致推动力度不足，政策落实不够，一些关键问题“久推不动”；中小企业创新活力不强，有待于通过创新体制机制，加大扶持力度；对关乎产业发展尤其是战略性新兴产业发展的产业共性技术、关键核心技术的研发和推广应用体系还在探索之中，有待于实现突破；科技成果转化率不高，科技成果转化机制有待加强和完善；现有科技评价机制还不完善，难以发挥提高科研机构运行效率、促进科技资源有效配置的重要作用。主要创新型国家和我国部分地区推动科技创新和产业转型升级的经验启示我们，政府发挥积极推动作用是必要的，也是有效的。这些成功经验，为湘西州科技创新中的发展提供启示和借鉴。

3.1 科技协同创新的国内外实践经验借鉴

3.1.1 美国推进科技创新经验

从 19 世纪的蒸汽船、轧棉机、电报、牛仔裤、安全电梯、跨州铁路，到后来的电灯、电话、无线电、电视、空调、汽车、摄影胶卷、喷气式飞机、核电、半导体、计算机、互联网和基因工程药物；从我们熟悉的电灯发明者爱迪生（Thomas Alva Edison）、飞机发明者莱特兄弟（Wright Brothers）和软件帝国的缔造者比尔·盖茨（Bill Gates），到鲜为人知的牛仔裤发明者李维·斯特劳斯（Levi Strauss）及信用评级的创立者刘易斯·塔潘（Lewis Tappan）。这些持续不断的重大发明和创新，催生了一个又一个新兴的产业，持续提高了美国的生产率，大幅增强了美国的经济实力和综合国力，将美国这个年轻的国家推上了世界经济史上前所未有的高峰。

自20世纪40年代之后，美国成为全球科学研究和技术创新潮流的引领者，并一直保持到现在。全球诺贝尔奖得主近一半是美籍人，世界大学百强排名中美国大学占到一半以上。

1. 美国强大的创新能力的形成

（1）富于进取的冒险精神和创新文化。美国是一个移民国家，其国民来自不同种族、不同国家。这些移民本身就带有强烈的冒险和创新精神。他们重视通过自身奋斗实现人生价值，鼓励探索创新，既赞美成功也宽容失败，崇尚爱迪生、盖茨、乔布斯这样的英雄。

（2）高素质的国民教育和广纳人才的政策。美国是一个非常重视教育的国家，建国后不久，就颁布了《全民教育法案》，要求每个公民都要接受教育，并且把受教育的权利作为人权的重要部分。美国对教育舍得投入，建立了世界上规模最大、水平最高的教育体系，特别是高等教育方面远远领先其他国家。

（3）良好的制度安排。美国是第一个将保护知识产权写进宪法的国家，在建国之初就颁布了专利法，极大地调动了人们发明创新的积极性。林肯称：“专利制度是在天才的创造火焰中添加了利益的燃料。”与此同时，美国也很注意防止专利权的滥用而扼杀竞争，于19世纪后期制定了“不公平竞争法”和“反托拉斯法”。

（4）有效的政策支持体系。早期美国奉行自由市场经济主义，对创新的支持政策很少，20 世纪 40 年代之后，美国才对科技创新进行“适当干预”，逐步建立了比较完善的支持科学研究、技术发明和创新的政策体系。

2. 美国科技创新的主要做法

(1) 在促进研究开发方面。政府持续提供大量财政资金支持基础研究、重要产业关键共性及前沿性共性技术研究和军用科技研究等市场失灵的项目，同时采取税收减免等措施鼓励企业增加研发投入。

(2) 在成果转化方面。政府大力支持产学研合作和军民科技研究合作，通过税收优惠等措施扶持中小企业创业投资发展；在需求培育方面，主要通过军事订购和政府采购对创新产品给予支持。

总之，在长期的发展中，美国逐步形成了一整套能有效激励创新的制度和政策体系，使市场机制充分发挥优化资源配置的决定性作用和政府积极作用。这是美国创新活力源源不竭和长期保持领先地位的根本原因。

3. 美国科技创新的主要特点

(1) 以实用性创新为主导。在美国众多发明创新中，大都是针对市场需求的实用性发明或商业模式的创新。正如《美国创新史》作者哈罗德·埃文斯 (Harold Evans) 所指出的：“实用性创新是让美国出类拔萃并让其他条件优越的国家落后乃至失败的首要原因。”

(2) 注重全面创新。在美国人看来，创新是指一个人或机构产生新的想法并将其进行商业化应用的过程。创新有多种形式，诸如新的技术设备、新的产品设计、新的生产经营方式、新的工艺流程等，不仅包括技术创新，还包括商业模式创新、管理创新。

(3) 草根创新蔚然成风。美国上流社会精英阶层虽然出现了诸多创新人士，但绝大多数创新是来自社会草根阶层的能动者、实践者，而不是待在实验室的科学家，更不是夸夸其谈的空想家。

(4) 军民融合互动创新成效卓越。战争和军备竞赛对加速科技创新无疑具有刺激作用。但迄今为止还没有哪一个国家比美国更自觉、更善于通过军民融合互动来加速科技创新和产业化、商业化应用。

尤其在航空航天、核能、电子信息网络、新科技、海洋、生物工程等科技领域，美国军民融合互动创新成效卓著。

3.1.2 英国推进科技创新经验

18世纪工业革命兴起，将英国推上了世界霸主的地位。这次发源于英国以蒸汽机发明和广泛应用为标志的工业革命，促进了纺织、煤炭、冶金等近代机器工业的兴起和发展，推动了人类社会生产力的极大发展。

据统计，1850年，英国占了全世界金属制品、棉织品和铁产量的一半，煤产量的2/3，其他如造船业、铁路修筑都居世界首位。1860年，英国工业品产量占世界工业品的40%～50%、欧洲工业品的55%～60%，对外贸易占世界贸易的比重由1850年的20%增至40%。

1. 科技创新中心的转移是英国衰落的重要诱因

17世纪至19世纪中期，英国是当时的世界科技创新中心，科学研究、技术发明和创新呈现出欣欣向荣的气象，不仅涌现出培根(Francis Bacon)、达尔文（Charles Robert Darwin）等一批伟大的自然科学家和社会科学家，还涌现出以瓦特为代表的一批伟大的发明家和创业者，产生了蒸汽机、电报机、机动轮船、铁路机车等一批影响世界的伟大发明。

但从19世纪后期到20世纪初期，英国科技创新的领先优势逐步丧失，全球科技创新的中心开始向德国、美国转移。到19世纪70年代，当以电力为代表的第二次工业革命兴起的时候，技术发明和创造的主要国家已不是英国，而是后起的德国和美国。

据统计，到1913年，英国占世界工业生产总值的比重为14%，而德国为15.7%，美国为35.8%。加之在两次世界大战中英国国力的巨大消耗，使英国终于丧失了世界霸主的地位，让位于美国。

2. 国家科技政策的制定

20 世纪 50 年代中末期，英国的国家科技政策已然成为一种关键的国家政策，而且有了特别大的发展。然而由于受国内外局势和冷战思想的影响，其科技政策并没有摆脱战争的影响，带有特别浓的军事色彩，也正因为这一因素的存在造成英国和当时波及全世界的第三次科技革命擦肩而过。20 世纪 70 年代，英国举国上下均给予了科技发展特别大的重视，政府也对国家科技政策给予了很大的关注。

3. 创建国家创新机制

20 世纪 90 年代，英国国内创建国家创新机制对科技事业的前进产生了需求压力。这一时期英国明确了以基础科研为重心及技术预见为引领的科技发展策略。企业完成了科技实力及科技管理能力等诸多因素的有机融合，进而占据了全球科技竞争的制高点。21 世纪初，英国政府颁布了《卓越与机遇——21 世纪的科学和创新政策》白皮书，详细分析了英国政府身处知识经济挑战，强化科学研究基础，加大技术创新概率及推动公众理解科学的原则立场及政策策略。2010 年，英国政府又出台了稳定核心科研经费、筹备创建全球首个绿色银行、鼓励企业行动等措施，这些措施给社会带来的影响也特别深远。

3.1.3 德国推进科技创新经验

统一后的德国紧紧抓住第二次工业革命的机遇，经济出现了飞跃性的发展，用 30 多年的时间超过了英国，成为欧洲第一、世界第二大经济强国。20 世纪初，德国在总人口、国民生产总值、钢铁产量、煤产量、铁路里程等方面都超过英国。

德国制造的产品风靡世界，19 世纪末 20 世纪初，德国的酸、碱等基本化学品产量均居世界第一，世界所用燃料 4/5 出自德国。1913 年，德国的电气产品占全世界的 34%，居各国之首，超过头号工业强国美国 5 个百分点。

1. 科技创新因素是德国崛起的基石

国家的统一为德国崛起提供了最重要的政治前提。但是，德国能够在短时间快速崛起，很大程度上得益于科技创新和人力资本因素的长期积累。自查理曼大帝时代起，德国就非常重视教育和文化发展。

1818—1846 年，普鲁士国民学校学生增加近一倍，适龄儿童入学率达 82％，19 世纪 60 年代提高到 97.5％，国民素质空前提高。同时，高等教育也迅速建立起来，1810 年，德国创立了柏林大学（现洪堡大学），成为现代大学制度的鼻祖。

同时，德国涌现出一大批科学家和技术发明家，如蔡斯、西门子、科赫、伦琴、雅可比、欧姆、李比希、爱因斯坦、普朗克、玻恩等。19 世纪中后期到 20 世纪初期的这段时间，德国耀眼的科技创新光芒，让全世界为之瞩目。

2. 重视科技人才的共同培养

德国重视科技人才的共同培养，为科技协同创新打好人才基础。20 世纪 50 年代，联邦德国着手于梳理科技发展方向，同时以德国和国际形势为依据实施了恰当的调整，重建科研机制及恢复高等教育是那个时候科技界最迫切的任务。在那一时期，国家及私营企业着手关注科学探索，加大了对科研探索的投入，新创办了一系列科研组织，为了完成科技兴邦的大任，德国于 1960—1978 年新建了二十多所大学，为自身的腾飞供给了诸多科学成果，同时也为德国之后的科技振兴培育了许多科研人才。

3. 制订工业 4.0 计划

德国制订工业 4.0 计划确定了科技协同创新的未来目标。2013 年，德国政府把工业第四次革命，也就是将工业 4.0 项目大胆地写进了《高技术战略 2020》，德国打算总体投资约 160 亿元人民币的经费，支持这个代表了工业合作的新一代技术的研发和创新。智能制造的基础是科技创新合作，也就是科技协同创新的发展，智能化的制造产业不再只是单一个体可以完成的，它需要的是一个集成的创新模式，科研机构与制造企业的高度协同，制造生产环节的设备智能集成化，这些都需要在一个协同创新的共同体下协同完成。

3.1.4 瑞士推进科技创新经验

提起科技创新之地，很多人可能立即会想到硅谷，但实际上瑞士也不容忽视。在全球创新指数榜上，瑞士已经连续六年蝉联榜首。

瑞士是全世界最具创新精神的国家之一。无论是在瑞士，还是在世界其他地方，杰出的教育和科研是创新能力的基础，对经济、社会和自然环境的保护起着至关重要的作用。瑞士在科技创新方面，拥有三大明显优势：高创新力、高素质员工和一流的科研机构。最新的技术和有利企业发展的大环境是瑞士高生产力的两大基石。

1. 建立科技创新协同合作联合体

瑞士以高校为主体建立科技创新协同合作联合体。瑞士规模科技创新协同合作最早出现于 20 世纪 90 年代，诞生于由瑞士苏黎世联邦理工学院及保罗谢尔研究所创办的 Eco - invent 中心。至 2006 年，联合体创办了四大竞争力研究中心，进行大规模的区域协同合作。联合体由两大联邦理工学院及四大以应用型分析为重心的联邦研究所组成。必须指出的是：联合体中的两大联邦理工学院即瑞士仅有的两所联邦高校，其他学校均属于州立或别的性质。

2. 聚集了大量的科技人才

瑞士科技创新协同合作联合体聚集了大量的科技人才。瑞士联邦理工学院和研究所联合体领导的 6 大机构拥有近 700 名教授、18000 多位员工和 24500 多位本科生及研究生，供给全球顶级的教学、知识转化及技术转移，创造了全球顶尖的科研成绩。通过聚集大量人才，推动建立了许多有影响力的科研联合机构，如瑞士苏黎世联邦理工学院、瑞士洛桑联邦理工学院、保罗谢尔研究所、瑞士联邦森林、雪和景观研究所、瑞士联邦材料科学和技术研究所。

3. 建立科学的管理机制

瑞士科技创新协同合作联合体科学的管理机制保障创新成果的产出。联合体的管理机构由以下两部分组成：董事会和内部上诉委员会。

在委员会的影响下，董事会拟定联合体发展策略，同时代表联合体与联邦政府实时交流。董事会定时上报任务执行细节，联合体各组织的运营管理便是由两大联邦理工学院及四大联邦研究所各自展开的。董事会为了推动两大联邦理工学院及四大联邦研究所之间的使用，出台了如下宗旨：联合培育科技行业将来领军人物；借助科研合作提高科研成绩；共同寻找有前途的青年科学家；供给与科学技术相关的咨询服务；举办以大众为对象的活动，研究使用科研成果。

4. 提供大量的资金支持

瑞士科技创新协同合作联合体得到了大量的资金支持。协同创新重点依赖政府的直接引导及协调，同时拟定诸多区域协同整合的创新措施。联合体之所以能够取得成功，主要得益于瑞士联邦政府所提供的大额资金支持，其资金支持主要由以下两个部分组成：其一，稳定性经费支持；其二，竞争性经费支持。在瑞士联邦政府的主导下，联邦理工学院与联邦研究所的联合体始终保持合作关系，它们依靠自身优势及国家援助，在协同创新里不仅属于新技术的供给者，同时也属于产业前进的催化剂，并于合作中促进自身科研水平的提升。它们之间的合作主要有如下三个方面：其一，创建协同创新的核心研究平台；其二，优质人才的共同培育；其三，创建长效合作体系。

3.1.5 日本推进科技创新经验

长期以来，日本实施“技术立国”的国家战略，在科技资源投入、产学研合作和科技成果转化、科技体制建设等方面全力推动科技创新，致力于发展研发主导型的区域创新体系。

1. 从明治维新开始崛起

日本位于太平洋西岸，是一个与亚洲大陆隔海相望的岛国。自然资源匮乏，在很长的历史时期内，日本一直是一个贫穷、弱小、落后的封建小国。1868 年，封建幕府被推翻，明治天皇上台，拉开了日本走向近代化并开始崛起的帷幕。

明治政府执政后，锐意改革维新，在确立天皇绝对权威下构建议会、内阁、军部并立的中央集权制后，大力推行“脱亚入欧”战略。在明治天皇在位的近50年里，日本国内生产总值（GDP）增长了1.6倍，超过了英国的增速。

2. 日本崛起关键的科技因素

日本之所以能在19世纪末实现崛起，是国内国际多种因素作用和一定历史条件的结果，其关键的科技因素是通过大胆引进和吸收西方先进技术使之本土化并着力培育人力资本，从而在亚洲率先建立起近代产业体系，实现了经济和军事实力的快速提升。

日本政府经济部门和私营企业还与欧美企业缔结许可证生产合同、技术协作合同等，并通过反求工程（即倒序制造）快速消化吸收西方先进技术，成功实现了技术转移和本土化。

同时，着力夯实智力基础，培育人力资本，包括颁布《学制令》，自1871年开始实行强制性初等教育，仿照西式教育构建国民基础教育体系；创办帝国工程学院（亦称工部大学，后与东京大学合并），并在京都大学、东北大学和九州大学设立工程系。

3. 高效配置研发资源

日本政府科技人力投入与资金投入的有关数据表明，日本区域创新体系在市场和政府的双重作用下，科技创新资源向科技研发方向倾斜，科技投入结构趋于优化。日本R&D经费总额占国内生产总值的比例于2002年就达到3.12%，在西方发达国家中是最高的，每千人就业人数中研究人员比率达到10.2%。在日本几乎所有大中型企业都有自己的研发机构，与大学、科研机构开展了广泛的合作，大大促进了研发成果的转化。

4. 重点推进应用型研发

日本技术创新的成功不在于模仿，而在于模仿基础上的创新。日本在大量引进外国先进技术的基础上，经过应用研究和开发研究，逐步实现国产化，并形成规模经济，日本人将这种在引进基础上的技术创新模式，称为借来的技术革新。

5. 集成创新推动“技术聚变”

日本不仅重视技术的引进与消化，而且注重多种技术的集成创新，日本区域创新体制也十分注重聚变基础上的增量型创新，将传统技术与引进技术进行综合、改造，形成一个广泛的技术体系，并用这些技术体系改造出一个新的产业，在短期内促进技术体系的普遍升级。

3.1.6 韩国推进科技创新经验

20 世纪 50 年代之后，韩国满目疮痍，加之面积狭小、资源贫瘠，发展前景一片黯淡。但是，韩国却奇迹般地经历了半个多世纪的高速发展，一跃成为“东亚四小龙”之首，创造出令世人震惊的“汉江奇迹”。

韩国能在短短数十年间跻身发达国家行列，离不开其科技体系的引导和支撑。从发展历史看，韩国通过前期引进技术，迅速建立起比较现代化的工业体系，并调整本国的产业技术水平出口结构，缩短了与发达国家之间的技术差距。但是，在引进吸收的同时，韩国并没有放弃自主创新的步伐。特别是在 1997 年亚洲金融危机重创本国经济之后，韩国改变了原有的以引进与消化为主的科技发展模式，科技发展战略向自主创新与消化吸收并举转变，政府加大力度扶持民间企业，建立了以民间企业为主体、民间研究体系为主导的科技创新体系，为韩国国民经济的持续发展提供了强大动力。

1. 韩国科技发展战略的趋向

为了快速发展经济，韩国选择了“工业立国、贸易兴国”的国策。1962 年，韩国制订了第一个“五年经济发展计划”，以建立出口导向型工业国家为发展目标。这一时期是韩国现代科技发展的起步阶段，在美国的援助资金和日本的战争赔款支持下，韩国开始了工业化进程，建立了纺织等劳动密集型轻工业。

20 世纪 70 年代，韩国政府将钢铁、机械、造船、电子、非金属和石油化学工业作为重点发展的战略性产业。鼓励企业建立自己的技术开发部门进行研究与开发投入，培养企业的研发能力及技术创新能力。

从20世纪80年代开始，韩国调整了国家发展策略，开始了由“工业立国”向“科技立国”的转变，将提升国家自主创新能力作为主要发展目标。同时，围绕新的科技发展战略和目标，政府制定了包括人才开发、产学研合作、科技管理体制改革、财政与税收优惠政策等一系列政策措施。这一时期韩国科技政策的另一个显著变化是，政府加大了对工程技术研发活动的财政、税收支持力度。

进入20世纪90年代之后，各发达国家纷纷加强技术封锁，世界整体贸易环境日益严峻，1997年爆发的亚洲金融危机重创了韩国经济。在这样的背景下，韩国科技发展战略开始由引进与消化为主向自主创新与消化吸收并举转变，开始强调产学研相结合，建立以民间研究开发体系为主导的科技创新体系，同时促进产业结构由劳动密集型向技术密集型转变。

21世纪初，韩国把建立创新主导的经济结构和建设科技中心社会作为经济社会发展的基本目标，通过大力改革与完善国家科技创新体系和最大限度地提高研发效率，为产业和经济发展提供持续、坚实的支撑，并成为21世纪最初几年韩国科技体制改革和科技政策调整的主要着眼点；进而提出了“韩国2025年构想：科技发展长远规划”“科学技术基本计划”和“国家技术创新体系构筑方案”等一系列发展规划和政策措施，确定了国家中长期研发投资方向和未来优先发展技术领域。

2. 韩国科技创新的主要措施

韩国采取的是典型的政府主导型的科技发展模式，韩国各级政府都积极鼓励吸引外资和引进技术来发展高新技术产业，提高企业技术研发的水平和效率，使韩国区域创新体系的发展突飞猛进。

（1）明确以科技为中心的国家体制。韩国历届政府都非常重视科技创新，2003年，韩国新政府提出“科学技术第二次立国”和建立“以科技为中心的社会”两点政策方向，2005年又完成了第三次科学和技术规划纲要的制定工作。此外，政府还加强对技术创新的资金支援，主要形式有政策性金融扶持和技术开发基金等形式。

（2）鼓励引进消化吸收的技术创新战略。韩国各级政府鼓励高新技术产业吸引外资和引进技术，先后出台了一系列政策鼓励外商直接投资。另外，韩国重视在引进技术的同时引进知识产权，将由引进技术形成的生产、经营比较优势及持久的产品竞争力作为企业引进技术的主要目标。

（3）政府主导官产学研之间的协同合作。在韩国，官办的科研机构已占全国研究机构总数的一半以上，同时韩国政府在继续发挥国家科研机构对技术创新的主导作用的同时，也通过“产学研协同技术开发”提高企业技术研发的水平和效率。为了促进官产学研的有效合作，韩国政府制定了一系列法律和优惠政策。

3.1.7 国内省市推进科技创新经验

近年来，国家实施创新驱动发展战略，全国各地积极探索科技创新体制机制改革，提升区域竞争力。

1. 大力推进科技体制改革

（1）“放活”科研成果处置权和收益分配权。如北京市鼓励科研机构通过托管等方式，委托第三方专业技术转移机构代理开展科技成果许可、转让、投资等工作。上海市颁布了“1＋9＋X”文件，对院所转制企业、国有高新技术企业做出突出贡献的科技人员和经营管理人员，实施股权奖励、股权出售、期权、分红激励、绩效奖励、增值权奖励、技术入股等多种形式的激励，促进高校、科研院所职务科技成果的转移转化，实行“正面清单”与“负面清单”相结合的管理模式。重庆市对科研项目与科技经费管理率先推出七条新政，即“财政科技经费实行定额补助、市场类科研项目推行事后补助、人力资源费比例大幅提高、科研经费支出管理充分放权、政府科研项目结题实行第三方验收、科研经费结余一律归己、纵向课题与横向课题一视同仁”。湖北省在全国率先推进科技成果使用、处置、收益“三权改革”，省政府“科技十条”规定应用型科技成果不再作为国有资产管理，研发团队享有科技成果的所有权和处置权，且最高可享受 99%的成果转化收益。这些政策，明确支持放开对科研成果的使用和管理，最大限度地提高研发团队的收益比例，促进科技成果从实验室走向市场。

（2）创新科研人员人事管理政策。湖北省鼓励高校、院所科技人员离岗创新创业，离岗 5 年内，保留人事关系、停发工资、人事档案由原单位管理；工龄连续计算，按国家和省里的规定正常调整档案工资，返回原单位的，其聘用岗位可纳入特设岗位管理，所聘岗位等级不降低。鼓励科技人员在岗创新创业，其中担任高校院所机构处级以上领导职务的，须辞去领导职务，给予 5 年时间以科技人员身份在岗创新创业，5 年后根据本人意愿和原行政级别，按照干部管理权限和程序安排相应职务。杭州市对于市属科研机构、高校和企事业单位的科技人员离岗在职创办高新技术企业的，养老、失业和医疗保险由原单位继续缴纳，同时允许 2 年内回原单位竞争上岗，享有与连续工作人员同等的福利待遇。

（3）积极开展海外科技成果转化。如北京市以中国国际技术转移中心为载体，加强与海外高校、驻华使馆、商会、协会、行业联盟等交流，吸引国际先进技术和项目等快速聚集，促进北京与国际高端创新资源的对接、融入全球创新网络。武汉市利用工程技术中心、产业技术创新战略联盟和国际技术转移示范机构等，引导海外科研人员 500 多项科技成果到东湖国家自主创新示范区入园转化，支持光电子与新一代信息技术、生物医药等 40 多个重大成果转化与产业化项目。

2. 着力建设新型产业体系

各地围绕“产业链、创新链”建设，着力促进区域产业结构向中高端飞跃，积极建设新型产业体系。

（1）加强企业创新主体地位。浙江省围绕产业链部署创新链，深入开展“三位一体”产业技术创新综合改革试点，在纯电动汽车、医疗装备、新一代网络产业等 20 条产业链布局建设 184 家省级重点企业研究所，把重点企业研究院建在企业、把优秀科技人才派驻到企业、把科技资源配置到企业。2016 年，浙江省政府通过累计支持 8.5 亿元，带动企业投入研发经费70亿元以上，撬动企业投入近10倍，促进产业链整体提升。2016年，深圳市主动在企业布局创新载体累计近600个，占全市创新载体总数60%以上。

(2) 培育新兴先导产业。北京市布局新一代移动通信技术、数字化制造技术、轨道交通产业、能源结构技术、先导与优势材料等领域的创新发展。深圳市首次提出“未来产业”，聚焦发展生命健康、海洋装备、航空航天、军工、产业机器人五大领域。湖北省选出激光、光通信和器件、数控装备等18条高新技术产业链，每年选择5条重点产业链，从科技项目、产业创新平台建设、人才培养、对外合作等方面给予重点支持。

3. 鼓励“大众创业、万众创新”

(1) 支持发展众创空间。北京、深圳等地采用肯定资质、认证授牌、政府购买等方式，鼓励民间资本发展车库咖啡、柴火创客空间等新型孵化器，提供便利化、全要素、开放化的大众办公区域，具有投资促进、培训辅导、咨询服务等功能。浙江省发展了一批基于互联网的“众创空间”，支持众创、众筹、众包等新兴产业业态发展，如云栖小镇、梦想小镇、创客小镇等，对全省众创空间绩效评价结果排名前20位的，每家给予一次性奖励50万元。

(2) 共建“大众创业、万众创新”的平台。浙江省鼓励开放重点实验室服务“双创”，11市和94个县（市、区）出台了创新券管理办法，截至2017年5月，全省累计发放创新券7.73亿元，使用创新券4.15亿元，受惠企业超过10000家。上海市加强对平台建设的规划引导，同时创新平台管理和运行机制，设立平台服务补贴。北京市支持创新联盟和产业技术联盟发展，现有产业联盟150多家，占全国比例超过40%，在项目攻关、标准制定、创新资源整合等方面发挥了重要作用。

(3) 建立创业保险和风险补偿机制。北京市探索形成了创业保险新模式，即由投资人与新型保险公司合作，投资人出资为创业人购买创业保险，如果创业人失败，保险公司履约出资给予创业者再次创业的机会，而投资人出资根据一定比例打折后在再次创业当中占有股份。上海市对投资机构投资种子期、初创期科技型企业，最终回收的转让收入与退出前累计投入该企业投资额之间的差额部分，给予一定比例的财务补偿。

4. 强化科技金融融合

(1) 转变政府扶持资金使用方式。一是财政扶持资金由以往的财政贴息、补助等逐渐转向股权资助。深圳市从 2014 年开始每年从市科技研发资金中安排一定比例的资金，通过投资产业技术研发或成果转化项目，阶段性持有项目股权，给予企业有偿资助。二是积极推进政府扶持与社会资本有效结合。杭州市政府主要提供支持互联网创业的公共技术保障体系，将入驻企业和项目选择权交给天使投资人和成功的互联网创业者。选择标准取决于创业项目能带来多少用户，在安卓、苹果应用市场的活跃度。湖北省设立"省创业投资引导基金"，采取阶段参股等方式出资 4 亿元，合作设立创业投资、天使投资子基金，由专业化风投基金投资具体项目，项目获得收益后，财政资金获得与银行利率持平的收益，用于滚动扶持，其余收益由社会资金分配。

(2) 探索新型市场化融资平台。北京市大力发展创业投资和天使投资，鼓励借助互联网众筹模式引导民间资本进入科技创新企业。2016 年 4 月，重庆科技金融集团、重庆科技金融服务中心联合建设银行重庆市分行等 68 家银行、创投、科技中介机构，证券、担保公司，区县科技金融服务中心等共同发起的重庆市科技金融服务联盟，旨在促进科技金融领域各种创新要素的集聚，促进科技金融资源的有效对接互动。深圳南山区设立了专门的科技银行，推出孵化贷、研发贷、成长贷等创新型金融产品。

5. 注重制度供给

(1) 建立部门联动、省市县协同管理机制。上海市建立了以市领导牵头的联席会议制度，协调各委办在政策、项目推进方面存在的冲突。

浙江省充分调动基层科技体制改革试点，形成了长兴县、新昌县典型经验，长兴县成立了统筹县科技局、人才办、经信委、财政局等多个部门的县级科技创新委员会，负责统筹推进全县技术创新体系建设工作，实行定期例会、联合办公机制，形成了“一盘棋”工作格局。新昌县本着“务实创新、敢争一流”精神，深化体制机制改革，着力打通从科技强到产业强、经济强的通道，先后实现从山区欠发达县到全国百强县、从全省重点污染县到国家级生态县的跨越。湖北省提出省级科技行政主管部门会同有关部门建立科技项目部门协商机制，按照科技工作重点分工落实、协同推进。对跨部门使用的财政科技资金由牵头部门会同相关单位，建立联席会议制度，统筹安排，避免资金交叉分配和重复安排。推动建设面向全省的统一科技计划信息化管理平台。

(2) 积极发挥国家自主示范区的引领作用。北京市中关村国家自主创新示范区大力实施创新驱动发展战略，新经济体系初步形成。前沿技术与商业模式创新、科技金融创新深度融合，众创、众包、众扶、众筹平台纷纷涌现，率先出现了以京东、58同城等为代表的“研发众包”“O2O众包”“创意众包”等服务平台。湖北省东湖国家自主创新示范区大胆探索科技创新财税政策、科技成果资本化产业化、科研项目管理、战略性新兴产业集聚发展等多项改革举措，积极创建国家科技体制改革综合试验区。2014年，东湖示范区主要经济指标保持年均30%以上的增长，在全国高新区综合排名中位居第三，“中国光谷”已成为我国在光电子信息领域参与国际竞争的知名品牌。

(3) 大力培育创新文化。上海市张江高科技园区倡导“创新创业、汇聚集成、鼓励成功、宽容失败”的创新文化，成本高的张江高科技园区仍然吸引了很多跨国公司研发中心、大量的创新创业企业。北京市把创新作为北京精神的重要内容，积极激发全民创新意识，让公众积极参与创新创业。浙江省民营经济发达，形成了企业自主、自觉创新的文化，涌现了一批民营创新孵化器。

3.2 产业转型升级的国内外实践经验借鉴

3.2.1 芝加哥推动产业转型升级模式

1. 芝加哥产业转型升级历程

芝加哥作为美国中西部经济中心，曾是五大湖地区的传统工业重镇，经历了由繁荣到衰落再转型发展的历程。

20世纪60年代末期的经济危机，引发许多世界工业城市的转型问题，作为“工业锈带”的芝加哥面临工业衰退、工人下岗、经济增长迟缓、贫困人口增多等诸多问题。随后，美国进行经济结构调整与转型，芝加哥许多制造业企业倒闭或外迁，而芝加哥以产业转型为契机实现城市经济、社会、文化等全面转型，表现出由制造业到服务业再到高端的知识型服务业、文化服务业的演进历程。

早在1909年，芝加哥因其得天独厚的地理位置、雄厚的重工业基础，依靠钢铁工业、机械制造业、印刷业等对经济贡献极大的制造业支柱部门，成为美国重要的工业城市。但是随着第二次世界大战结束后美国经济的重新转型，工业发展越来越无法成为芝加哥的主要发展动力，于是以美国的结构转型为契机，芝加哥政府开始从制造业逐步转型为主要依靠交通运输业的中心城市。运输业的发达促进城市功能提升和产业升级，重化工业得到一定程度的控制和减少，进而降低了城市资源能源消耗强度，促进城市绿色转型。

自20世纪60年代开始，由于郊区城市与原有大中城市商业中心之间的土地差价日益显著，许多大公司纷纷将其总部迁至郊区城市，新兴产业也更多地在郊区兴起，芝加哥出现了郊区化所带来的制造业和就业岗位外迁问题。面对此种问题的产生，芝加哥开始加紧进行新一轮的产业结构转型并最终确立“以服务业为主导的多元化经济”的发展目标。这种发展目标一方面立足于传统制造业；另一方面利用它位于美国交通运输网络中心的有利区位，大力发展第三产业。

进入21世纪，芝加哥前期的产业转型战略显现，并在传统的服务业上重新构建高端服务业体系。芝加哥依靠卫星城市与中心城市形成紧密关联，以多中心城市之间的集群发展模式，积极吸引外资投入，积极发展高科技产业，建设具有高新技术引领、资本多元化的国际大都市。芝加哥城市郊区化及其基础设施不断完善，并按照新城建设标准进行布局，增加新城的园林绿化和生态建设，实现了低碳化发展。随着企业外迁郊区和郊区自身功能的完善，进一步强化了城市郊区的均衡化发展，促进了城市的和谐、绿色、低碳发展与转型。

2. 案例分析

芝加哥的华丽转身得益于正确的产业转型政策。依托原本擅长的制造业，发展仓储物流，并以服务业为主导，积极发展多元化经济，使得原本的“锈都”焕发了新的生机，也使芝加哥成为现代服务业与现代制造业并肩发展的一座现代化国际大都市。芝加哥在产业发展上虽以服务业为主导，但是传统制造业也并未因其推动服务业主导型经济而遭到削弱，形成制造业与服务业并重的格局，并且运用技术与知识改造提升制造业，因此虽然主导产业范围没有根本性的改变，但产业实质却发生根本性变化。由此可见，一个城市产业结构转型升级既可以在主导产业上寻找突破口，也可以在既有的主导产业范围内寻求产业向产业链的高端演进。

3.2.2 瑞士推动产业转型升级模式

1. 瑞士产业转型升级历程

瑞士地处欧洲内陆，从地理条件上看以山地居多，资源欠缺，因此，在欧洲平原地区工业经济发展起来后，瑞士根据本国自然资源极度贫乏的特点，从19世纪中期开始将发展重点放在钟表制造和金融服务上，而不是简单模仿欧洲平原地区发展经济的做法。瑞士在找到了自身的发展定位——着重发展高端制造业，主要生产高附加值产品的同时，还结合与精密工具制造相关联的医疗器械、医药分离和提纯、生命科学技术和蛋白质的三维构造制药等行业。随着产业不断转型升级，逐渐形成了特色产业集群，如瑞士钟表和纺织机械这两个产业集群世界闻名，连化学医药、食品、银行、保险、旅游等产业也呈现出高度集群化的发展特点。而且这些产业集群的分布体现出明显的区域划分，高科技产业集群分布在苏黎世，机械产业集群主要分布在温特图尔和索洛图恩，瑞士钟表产业集群着重在日内瓦发展，化工医药业大部分集中在巴塞尔。

第二次世界大战结束之后，瑞士经过数十年的经济增长和全员就业，步入西方发达国家行列。进入20世纪70年代中期，钟表和建筑业等突然陷入危机，10%的就业人员失去工作，政府被迫着手考虑“促进区域发展的政策问题”。此次危机之后，瑞士的服务业成为吸纳其他行业剩余劳动力的主体，总体经济从一个较低的起点缓缓回升。进入20世纪90年代，瑞士的产业结构发生了全面的自我调整，国民经济波动不前。直到1997年以后，瑞士的经济才又重新步入上升的轨道。

2. 案例分析

瑞士的产业转型升级的优势在于，形成了独特的发展模式和优势。政府通过清晰的产业定位为瑞士的产业发展找到了准确的位置，并逐渐发展成为一个发达的工业化国家。瑞士的产业发展之路一开始就避开其资源缺乏的劣势，而选择发展精密制造业和高科技产业等科技含量高、效益显著的产业。随着特色产业不断做精做细、产业集群的培育壮大，形成了瑞士经济的重要板块和亮点。由此可见，在产业转型升级的过程中，要抓住产业的特色，在继承壮大的同时注重培育和保护。瑞士将科技创新视为产业的核心竞争力，无论是对传统的手表制造还是现代化的化学医药，紧紧抓住产业集群有利于发挥技术创新和扩散的优势，在继承特色的基础上不断创造特色，实现产业升级。

3.2.3 新加坡推动产业转型升级模式

1. 新加坡产业转型升级历程

新加坡独立后，英军撤离、印度尼西亚和马来西亚的直接竞争给新加坡的政治、经济、军事、社会稳定等造成巨大压力，人口增长过快、失业率过高、种族冲突、工业纠纷等问题纷纷出现，转口贸易占主导地位的经济模式受到严重挑战。为此，政府制定了以工业化为中心的经济发展战略，通过工业化带动经济多元化，转变单一的转口贸易经济结构。

政府制订了第一个五年计划，并于 1961 年将原工业促进局改为经济发展局（EDB），制定和实施工业化战略。一方面，开发裕廊工业园区，加强基础设施建设；另一方面，发展劳动密集型制造业，本地以蚊香、假发、樟脑丸等为主，外资以纺织业、电子消费产品、电子零部件为主。至 1965 年，已拥有企业 100 余家，提供就业岗位 5 万多个。

1965 年新加坡脱离马来西亚，失去了发展腹地。1966 年，为适应当时世界范围的大规模产业结构调整，抓住劳动密集型出口工业从发达国家向发展中国家转移的机遇，政府实施了第二个五年计划，大力发展劳动密集型基础工业，进一步改变转口贸易机制；面向国际市场，发展出口型工业；大力吸引外资，借助外部力量发展制造业和服务业；拓展多边贸易，建立自由市场。

其间，新加坡 GDP 年均增速 10%，制造业占 GDP 比重上升到 24%，人均收入居亚洲第二位，成为亚洲四小龙之一。法制的完善和基础设施的快速发展，吸引美、欧、日等国相继在新加坡投资兴建大型企业，石油化工、电子电器和以修造船为主的运输、机械等行业迅速发展。

20 世纪 70 年代，西方经济停滞、邻国工业化进程发展、国内工资成本上升等因素使新加坡的竞争优势有所削弱，政府于 1979 年提出“第二次工业革命”的经济重组计划：实行产业结构升级，由劳动密集型出口工业转向技术密集型和资本密集型工业；推动机械化、自动化、电脑化，向高度精密工业发展；建设以科学技能和科学知识为基础，以机械、贸易、运输、服务、旅游为五大支柱的现代化工业国家。

经济重组计划获得一定成功。其间，新加坡的 GDP 年均增长 8.5%，经济增长高于其他新兴工业化国家，技术升级速度加快，劳动密集型工业陆续转移至邻近国家，高素质人力资本迅速积累，投资也多集中于计算机、机械制造、电子电器等技术和资本密集型企业。电脑运用开始进入社会生产生活的各个领域。

20 世纪 80 年代中期的世界经济衰退给新加坡带来重大冲击，石化、修造船、出口、汇率等均受重大影响，GDP 在 1985 年出现 1.7% 的负增长，失业率急速攀升。为此，以李显龙为首的经济委员会于 1986 年发表《新加坡经济：新的方向》报告，提出一系列克服经济衰退的政策措施：将服务业和制造业作为未来 10 年推动经济增长的两大动力，把资讯业和金融业变为两大支柱产业，带动外贸和其他行业的发展。在发展资本、技术密集型出口工业的同时，着重转向优先发展有增长潜力的服务业，使新加坡发展成为东南亚和亚太地区的区域性服务中心。

1997 年的东南亚金融危机虽未直接冲击新加坡货币体系，但对新加坡整体经济活动形成了严重冲击。1998 年，新加坡经济增长率由过去的平均 8%以上剧降为 1.5%。

为适应金融危机带来的全球产业结构调整，新政府成立竞争力委员会（CSC），评估未来十年的经济竞争力与发展前景并提出以下对策：①继续降低企业成本；②继续深化产业调整，着重加强先进制造业，发展第三方物流，促进本地企业与跨国企业和政府控股企业的合作，并推动国有企业私有化；③继续加大吸引外资力度，鼓励跨国机构设立区域营运总部等；④继续着力提高劳动力素质，协助工人提升技能，鼓励劳工终身培训；⑤加强本地企业实力，加大企业合并，推动本地企业成为跨国机构；⑥将“知识经济”作为城市国家竞争的高端，在生物医学、环境及水务科技、互动与数码媒体科技等领域投入巨资。

目前，新加坡已形成电子、化工、生物医药、资信与传媒、物流、金融等多个产业群，是世界硬盘驱动器的主要供应国，世界第三大炼油中心和重要的区域石油交易中心、定价中心、混兑中心，世界上吞吐量最大的集装箱码头、跨国企业重要的亚太区域物流与后勤管理中心，集中了110余家国际级银行并成为全球第四大外汇交易中心等。当前，全岛有7000多家跨国公司和14.8万多家中小企业，同时也成为中国及其他东南亚国家企业走向国际市场的重要窗口和平台。

2. 案例分析

新加坡于1965年刚独立之时，只是一个资源极度匮乏、工业基础落后、失业率极高的弹丸之地。但新加坡政府积极作为，主导并推动产业持续转型升级，仅用了40多年时间，就让新加坡实现了从第三世界向第一世界的跨越，成功跻身发达国家行列，成为“亚洲四小龙”之一，在2015年全球经济体竞争力排名中高居世界第二位，是当今世界上最富裕的国家之一，同时也被评为国际贸易最开放的国家，成功地创造了“新加坡奇迹”。具体来看，新加坡政府在推动产业转型升级方面主要做到了以下几点。

（1）政府规划引领发展。针对新加坡地小物薄、资源匮乏的缺点，以及位于马六甲海峡的战略要冲地位、拥有天然优质港口的优势，新加坡政府从一开始就将新加坡的发展定位于外向型的国际贸易中心，全面开放、最大限度地参与国际经济分工，并把鼓励创新、吸引人才等策略放在首位，集中精力发展高精尖技术密集型产业，最大限度地扬长避短，充分发挥自身优势。同时，以国际化的视野，适度超前的前瞻性，综合考虑经济、社会、环境等因素，形成一套多层次的规划体系，分别立足于短期、中期、长期三个不同的时间段来制定可持续发展规划，以规划为引领，为产业转型升级指明发展方向。

（2）灵活制定产业政策。在不同的发展阶段，新加坡政府都会结合新的经济环境和国际形势，灵活制定产业政策，推动产业转型升级不断走向深化。在20世纪60年代，主要实行进口替代工业化，通过集中建设工业园区，大力发展以纺织、服装为主的劳动密集产业，重点解决就业问题。20 世纪 70 年代，政府以资金补贴、税收优惠等方式鼓励外资落户，大力发展造船、炼油等资本密集型产业，开始转向出口导向型。20 世纪八九十年代，政府加大对科技研发的投入力度，成立了公共研究所及风险投资基金，鼓励技术发明人创业和中小企业技术创新，大力调整经济结构，着力发展设计工程、电子信息、生物医药、精细化工等技术密集型产业。进入 21 世纪以来，积极发展金融、贸易、通信、会展、旅游等服务业，通过成立国际企业发展局、加快自由贸易协定等措施，由政府关联公司出面，采取政府作为风险投资家的策略，大量投资海外，拓展经济发展的国际空间。

(3) 营造良好经济环境。新加坡政府一贯以来坚持“亲商”理念，积极营造良好的经济发展环境和氛围，为产业转型升级提供优质丰厚的土壤。一方面不断强化硬件建设。政府花大力气投资建设港口、机场、公路、供电、供水等基础设施，目前拥有全球最繁忙集装箱码头、服务最优质机场、亚洲最广泛宽频互联网体系和通信网络，在世界经济论坛最近公布的基础设施得分中高居全球第二位；同时，出台《公园与树木法令》，实行立体式绿化，积极打造“花园城市”，绿化覆盖率高达 50%，景观面积占国土面积近 1/8，营造舒适的宜商宜居环境。另一方面持续完善软件建设。提出了公共行政和运作方法的“八化”（法律化、制度化、程序化、集权分权化、透明化、创新化、电子化、亲商化），推出 21 世纪公共服务计划，把“创新、求变、革新、改进”作为政府的基本价值观，追求全面性服务的卓越化，通过整合资源，将非核心工作采取合同外包的方式交给社会中介组织，让政府充分“瘦身”，着力打造一个政局稳定、法制健全、廉洁高效的政府形象。

(4) 重视科技人力资源。由于国土面积小、资源少，无法发展大规模产业，因此新加坡政府一直以来都非常重视科技人力资源培育，认为只有人力资源才是无法被挖尽的宝藏，崇尚“人才立国”理念，以加大科学研发转化力度为突破口，为产业转型升级提供源源不断的核心动力。一是政府拨出巨款投资教育，把教育事业当作其龙头事业，每年对其的投入金额占 GDP 的 4%左右、财政开支的 20%左右，通过奖学金、助学金制度为政府和社会培养大量优秀人才，同时大幅提高工资，改善福利待遇，以“高薪抢贤”，专门成立国际人力资源小组，吸引外国高科技人才。二是针对知识和研究型产业制订专门的财政奖励补助计划，实现科研总开支占到国内生产总值的 3%～3.5%，并且呈逐年上升之势，同时大力推进产学研紧密结合，提出技能提升计划，设立技能发展基金，吸引世界级高等学府和研发机构，在新加坡合作成立培训中心，把教育的重点转移到技术型教育和职业培训，全方位支持企业产品创新及技术转化。

3.2.4 日本推动产业转型升级模式

1. 日本产业转型升级历程

第二次世界大战期间日本经济受到重创，战后日本通过一系列的改革和经济转型升级，迅速恢复了国民经济，奠定了以后高速发展的基础。战后 50 多年，日本共完成了四次经济转型。

第一次经济转型（1945—1955 年），从一切靠进口向“出口导向型”转变。在国家战略上，实施“贸易立国”战略。这次日本经济转型的动力因素源于朝鲜战争的外需拉动。

第二次世界大战毁灭了日本 42%的国民财富，日本国内经济处于崩溃边缘。1950 年朝鲜战争爆发，为日本提供了巨大的发展机遇。由于日本离韩国最近，日本成了美国的军事基地和军需物资供应地。日本根据国内外经济环境的变化，适时提出外需主导型战略。在产业结构上，基于资源禀赋比较优势及需求状况，重点发展了劳动密集型的轻工业和轻型机械工业等。通过战时军需，日本迅速地赚到了经济发展的第一桶金，迎来了消费景气和投资景气的“双景气”现象。

第二次经济转型（1956—1972 年），从出口拉动向“消费主导转型”转变。在国家战略上，实施“国民收入倍增计划”。这次日本经济转型的动力因素源于“消费者革命”的内需拉动。

日本在经历了一段经济高速增长期后，陷入了低福利、低产业结构和高外贸依存度的“两低一高”发展困境。面对产能过剩，日本经济学界围绕如何评价日本经济增长能力展开了争论。1960 年，新上任的首相池田内阁，采纳了经济理论家下村治博士的建议，宣布实施“国民收入倍增计划”。其主要内容是：在 10 年（1961—1970 年）内，以“高速增长、提高生活水平、完全就业”为目标，最大限度地实现增长；计划 10 年后实现国民生产总值及人均国民收入增长 1 倍以上。为此，该计划雄心勃勃地提出了 5 个中心议题：充实社会资本；引导产业结构高级化；促进贸易和国际经济合作；提高人的能力和振兴科学技术；缓和双重结构和确保社会稳定。该计划实施后，日本经济实现了“黄金 18 年”的发展时期，被西方学者认为创造了资本主义经济发展史上的奇迹。

第三次经济转型（1973—1985 年），从劳动、资本密集型向技术、知识密集型转型。在国家战略上，实施“技术立国”战略。这次日本经济转型的动力因素源于国际石油危机和世界经济危机的压力。

在经历过高速增长期后，日本经济逐步进入平稳增长阶段。20 世纪七八十年代，全球范围内发生的几件大事严重影响了日本的经济发展。“两次经济危机”和“两次石油危机”充分暴露了日本经济的脆弱性。日本的经济危机、生态危机和能源危机交织迸发，迫使日本不得不改变原有依赖进口廉价能源的发展方式，将产业结构向节能型、技术密集型以及高附加值型转变。同时在经济政策上也进行了相应调整，即一方面鼓励垄断资本扩大资本输出，把能耗高、污染环境的产业转移到发展中国家去；另一方面大力扶植汽车、电子、精密机械、航空、原子能等工业部门的发展。不断加大科研投资力度，努力迈向“自立自主技术时代”。

第四次经济转型（1986 年—21 世纪初），推动“成本主导型”产业转型升级。在国家战略上，实施“IT 立国”战略。这次转型源于“广场协议”后日元升值的压力。

1985年“广场协议”后，日元在不到6年的时间内升值了4倍，这意味着日本国力膨胀了4倍，人均收入增加了近4倍。迫于日元的升值，日本一方面进行产业结构升级，另一方面进行海外扩张。其中，产业结构调整的方向是以信息产业和文化产业为主导。在文化产业方面，1995年日本确立了“文化立国”方略，以日本文化厅确立的《21世纪文化立国方案》为正式启动标志。在信息产业方面，2001年1月日本政府公布《IT基本法》、制定《e－Japan战略》、提出五年内把日本建设成为“世界上最先进的IT国家”的战略目标。经过五年的努力，信息产业成为日本第一大产业部门。

2. 案例分析

第二次世界大战结束后，日本经济遭受重创，国民财富损毁超过45%。为发展经济，日本政府实行了由政府主导型的市场经济体制，审时度势积极介入，持续推动产业转型升级，迅速让日本经济重新恢复元气，并在20世纪80年代达到顶峰，当时GDP总量仅次于美国，排名世界第二，成为世界经济强国，实现了制造业从低端向高端的转变。具体来看，日本政府在推动产业转型升级方面主要做到了以下几点。

（1）积极调整战略定位。日本政府每10年就提出一个中长期的促进产业高级化的总体规划，陆续出台了《新长期经济计划》《中期经济计划》《新经济社会发展计划》等，在经济社会发展的不同阶段及时调整发展方向，明确战略定位，积极推动产业转型升级。针对日本在第二次世界大战后百废待兴的困境，日本政府提出“贸易立国”战略，通过大力发展进出口贸易，完成原始财富积累。随着传统制造业出现发展瓶颈、经济出现滞胀，日本政府又及时由“贸易立国”战略转向“技术立国”战略，加大科研创新力度，推进制造业向高级化发展。当前日本政府的国家战略又调整为“科技创新立国”，以技术革新和发明创造为中心来推动科技革命和科技进步，确保世界领先地位。

（2）合理制订产业政策。针对不同时期市场推进产业转型升级的目标，日本政府采取了对症下药的办法，分门别类制订了详细的产业政策，以产业政策为主要推动力来促进经济发展。在战后经济恢复时期，日本政府制定实施《禁止垄断法》，实施产业民主化，促进社会公平竞争，设立“复兴金融金库”，筹集资金重点扶持煤炭、电力、钢铁等基础性产业，并通过减轻税负、帮助企业进口技术和设备等方法，促进整体经济恢复元气。在20世纪70年代面对产能过剩、产业能耗大、附加值低的局面，日本政府先后出台了《稳定特定萧条产业临时措施法》和《改善特定产业结构临时措施法》，通过加速处理过剩设备、促进企业合并重组、支持低端传统制造业的跨国产业转移等方式，缓解国内矛盾，同时出台了《产业结构长期展望》和《特定机械产业振兴临时措施法》，明确指明将知识技术密集型产业和尖端技术领域作为发展重心，提供政策补贴，给予税收及金融方面优惠。

（3）扶持中小企业发展。日本可用国土面积不多，难以发展大规模产业，中小企业特别是微型企业才是日本企业的中坚力量。日本政府在推进产业转型升级时期，尤其重视对中小企业的扶持发展，专门成立了中小企业厅，并颁布了《中小企业基本法》，成为第一个专门针对中小企业设立机构和颁布法律法规的发达国家。由政府出钱聘用了大量的中小企业诊断师，在财政管理、技术攻关等方面为中小企业提供全方位帮助。还设立了大量的中小企业技术服务中心，以优惠的价格帮助中小企业研发、检测产品。在日本政府的扶持推动下，日本的中小企业呈现个性化多元化发展，很多中小企业都成长为细分行业中的“隐形冠军”，如航天飞机、火箭等精尖产品的关键零部件都是由日本中小企业所完成。

（4）重视科技研发创新。日本政府在推进产业转型升级过程中，一直非常重视科技研发创新的推动作用，积极鼓励加快技术引进和改造创新，在实施“科技创新立国”战略基础上，先后出台了IT立国战略、知识产权立国战略等六大立国战略体系，共同主线是高度重视新技术的研究开发，强调推动科技发展的人才培养和制度改革，通过积极发展教育、加强人才培养、壮大科技队伍、提高科技人员素质、增加科技经费投入、提高科研资金的使用效率、推进科技体制改革、完善创新体系等举措，选择了先模仿后独创、先低科技后高科技的发展战略和政策导向，从引进、消化、吸引技术到自主创新，逐步建立起了本国的技术创新体系，为产业转型升级提供源源不绝的核心动力。

3.2.5 国内省市推动产业转型升级模式

1. 温州市推动产业转型升级

改革开放以来，温州民营经济迅速崛起，逐步发展成为以轻工业小商品、家庭作坊式企业等为主的经济发展模式，民营经济的经济总量一度占温州经济总量的98%左右，除了电信、银行、电力等国家垄断领域，民营企业几乎无不涉足，形成了独特的“温州模式”。但是“温州模式”的发展主要依靠资源消耗、廉价劳动力和外贸出口市场，随着经济的快速发展，土地、劳动力等资源制约因素越来越突出，以出口为导向的许多产业在国际市场中无法摆脱低端定位的困境，并频频受到反倾销和各种贸易壁垒的限制。特别是近10年来“温州模式”的弊端日渐显现，以劳动力密集型的轻工业等传统产业为主的产业结构已经无法适应经济发展的要求，必然导致经济发展速度减缓。

面对这一困境，温州重新制定了产业转型升级的方向，基于民营经济发达、民间资本丰厚、遍布世界的营销网络等优势，积极发展轻型加工业、现代服务业、高新产业、石化工业、效益农业、旅游业六大产业，构建现代产业体系。各种迹象表明温州的产业正逐步向技术密集型产业过渡，形成了电气机械及器材制造业、皮革毛皮羽毛（绒）及其制品业、通用设备制造业、纺织服装鞋帽制造业、交通运输设备制造业、黑色金属冶炼及压延加工业等11个年产值均超过100亿元的行业，且行业空间集聚度较高，形成有一定竞争优势的块状经济，逐渐形成“大型综合工业园区—特色工业集聚区—工业小区—集聚加工点”的园区发展布局，有力地推动了块状经济的集约化、专业化、规模化，提高了区域经济综合竞争力。

温州经济以劳动密集型的轻工业起家，带动区域经济快速发展，完成了资本的原始积累，但是随着宏观环境的变化和市场经济的发展，落后的产业格局最后走向衰退，“温州模式”经历的产业转型升级，是经济发展到一定阶段的必然趋势。温州由此成功地从劳动密集型的低端产业向技术密集型产业过渡，并着力培育了多个年产值超百亿元的行业，形成较为合理的园区发展布局。温州的产业发展历程在我国许多中小城市（地区）中具有代表性，有许多值得学习和借鉴的经验，但是温州模式不能一味地复制，应该更好地与当地的经济社会发展水平和产业布局相结合。

2. 深圳龙岗推动产业转型升级

龙岗区是深圳面积最大的行政区，也是工业大区，虽然拥有华为等知名企业，但也存在数量庞大的从事加工制造的中小型传统企业；由于长期属于原深圳经济特区外区域，龙岗的环境同原特区内相比存在着较大差距，成为吸引优质企业和高端人才进驻的制约因素；如何克服资源的紧约束，寻找承载优势产业发展的空间成为一项艰巨的任务。

深圳市龙岗区 1993 年建区，2005 年完成城市化改制。作为深圳最年轻的行政区之一，龙岗创造了一个沿海地区以加工贸易业起步，参与国际分工，走向现代化，从农村一跃成为发达地区的典范。1993—2005 年，龙岗经历第一次产业转型升级，形成了以工业、商贸、物流、旅游为主的支柱产业，其中工业以加工贸易为主，第三产业发展较为滞后，尤其是高附加值的现代服务业尚处于起步阶段。2005—2010 年，龙岗经历第二次产业转型升级，以计算机和通信为主的 IT 产业加速发展，高新技术产业、现代服务业也发展壮大，但是高新技术产业种类较为单一，中小企业自主创新能力普遍不足，自主品牌不多，核心竞争力不强。近几年，随着龙岗区的产业发展定位和规划布局逐步明晰，推动产业结构由加工贸易业向先进制造业升级、由工业经济为主向生产性服务经济为主的转型，促进高端替代产业密集型价值链条的形成。目前，龙岗区已经成为深圳市重要的高新技术产业和先进制造业基地、传统优势产业集聚基地、物流产业基地以及金融产业基地。

从龙岗区产业转型升级的案例中，可以看出，经济发展程度的不同，制定和实施产业转型升级政策也有所不同。一个城市的产业结构升级不应该完全否定其产业发展历史和基础，而应该是在承袭已有资源条件及能力的基础上，不断适应新的产业要求，创造新的资源条件和能力的过程。龙岗区经历的三次产业转型升级，使它的产业结构日趋成熟和优化，逐步实现由劳动密集型向资本密集型和知识密集型的转变，由产品初加工向深加工转变，由经济低附加值向高附加值转变，基本形成具有区域核心竞争力的现代产业体系。龙岗区的成功转型，虽然有其位于珠江三角洲的特殊位置带来的优势，但是对于起点较低的后发展地区或欠发达地区的产业发展具有一定的借鉴作用。

3. 东莞市推动产业转型升级

东莞模式发展、转型、演变的主线和脉络可划分为四个阶段。

第一阶段即生成阶段，为改革开放初期到20世纪80年代中期。是东莞“三来一补”企业的起步阶段，到1985年，全市工业产值首次超过农业。主要特点表现为引进港资“三来一补”企业，与中国香港形成“前店后厂”关系。20世纪70年代末，港企受厂商、厂租、工资增长的困扰。为了降低成本以及开拓出口和投资的机会，中国香港开始与邻近的“珠三角”地区建立密切的经济联系，产生了转移到内地发展的强烈欲望。而邻近中国香港的东莞，具有低价格劳动力和低厂租的优势，但缺乏资金、技术、设备和管理经验。两地扬长避短，优势互补，利用祠堂、饭堂、会堂，承接中国香港的生产和装配工序，发展起以劳动密集为主、中国香港小厂商为主、低技术档次的传统产品为主的“加工贸易”，“三来一补”在东莞就此应运而生。而中国香港企业则把自己转变为“贸易”公司，在增值程序中专注于管理、融资、技术、打样、品牌控制、市场推广和分销服务，与东莞形成“前店后厂”关系。这一起步发展阶段，为东莞发展积累了资本、技术、市场信息和管理经验，为东莞模式的成熟发展奠定了坚实的基础，也让东莞人找到了走向市场的勇气和信心。

第二阶段即成长阶段，为 20 世纪 80 年代中期至 90 年代中期。这一阶段是作为实施“向农村工业化进军”战略的腾飞阶段，外资利用由港资为主转向港资和台资并重，并由劳动密集型向资本密集型和技术密集型过渡。产业集群初步形成，农村工业化与城市化相互促进。从 20 世纪 80 年代中期起，中央决定开放 14 个沿海城市，加快了推进改革开放的进程。广东省积极发展外向型经济，并根据不同的地理条件和社会经济基础，采取区域推进的开放战略。1988 年，东莞升格为地级市，改变了东莞 563 发展和改革蓝皮书的形象，也赋予东莞更多的优惠政策和城市功能。三者的结合，为东莞吸引外资提供了独特的优势和竞争力。而此时的中国台湾，经济发展面临困境，新台币对美元升值及地价、工资快速上涨，中国台湾的 IT 产业急需寻找新的投资市场，东莞成为台资第一波投资大陆的首选城市之一。中国台湾的一些产业逐步从低端开始转移到东莞，形成“台湾接单、东莞生产、香港出货”的生产模式。港资企业与台资企业的聚集，初步形成了纺织、服装、家具、五金等产业集群。台湾 IT 企业的逐步引进，东莞外向型经济发展水平、规模、效益有了质的飞跃，大大提高了东莞工业化和城市化水平。工业化与城市化相互促进，形成了具有中国特色的农村城市化道路，成为东莞模式成长阶段的闪光点。其间全市工业总产值年均增长 39%，到 1993 年突破 200 亿元大关，带动全市 GDP 突破 100 亿元。

第三阶段即提升阶段，为 20 世纪 90 年代中期至 20 世纪末。这一阶段是开展“第二次工业革命”的提升阶段，传统产业集群更为完善，IT 企业配套能力加强。“三资”企业比例不断扩大，民营经济在与外资经济的配套协作中逐步成长。其间全市省级高新技术企业从 1 家增加到 66 家，地方财政收入从 7.7 亿元增加到 30 亿元。1992 年邓小平的南方谈话拓宽了东莞引进外资的视野和思维。东莞开始有选择、有目标、有分别地引进信息技术产业和高新技术产业，以及大财团、大公司。加强现代企业制度建设，着手治理环境污染，提高外资经济发展质量。政府的正确引导、完善的交通、通信的便利，使东莞迎来了台资、日资、韩资投资设厂的高潮，尤其是中国台湾大中小型IT企业蜂拥般进入东莞，IT产业集群配套完善，产业链表现为“龙尾→龙身→龙头”形态。在外向型经济不断发展壮大的同时，东莞的本地资本、本地企业也积极参与外资企业合作发展，为外企提供配套产品，民营经济不断发展壮大。如果说，起步、成长阶段解决了从无到有的问题，那么提升阶段是在解决从有到好的问题。

第四阶段即转型阶段，从2001年起到现在。发展园区经济进入创新阶段，推动全市产业从加工制造业为主向研发、制造、流通“三位一体”转变，努力打造现代制造业名城、创新创业热土、宜居生态城市、和谐幸福家园。主要特点表现为加强创新、完善发展环境、努力实现内外源经济协调发展。

21世纪初，经济全球化竞争日趋激烈，科学技术迅猛发展，产业结构调整不断加快，区域竞争日趋激烈，中国逐渐成为世界制造业竞争的主战场。东莞客观把握经济全球化和国内经济发展的趋势，以提高国际竞争力和区域竞争力为核心，创新发展模式，优化发展环境，提高发展能力，实施城市拉动、园区带动战略和品牌带动战略，积极扶持民营企业，形成新的增长动力和发展优势，整个工作思路是突出打造城市牌、外资牌和民营牌。一是打造城市牌。把全市32个镇街作为一个大市区来规划，确立以城市新区为中心，其他各镇为不同层次的城市组团式的城市总体布局，逐渐建成城市新区、松山湖、同沙“三位一体”的城市新区，城市化水平和质量大大提升。二是打造外资牌。开发建设松山湖高新技术产业园区、虎门港开发区、东莞生态园、东部工业园区等市级园区，以园区带动，改善投资环境，巩固和提高现有外资项目，重点引进国际大企业集团，实施利用外资“自主化”发展战略，培育壮大民族产业。三是打造民营牌。在2001年和2006年，先后出台扶持民营经济发展的“旧48条”和“新48条”，扶持民营企业做强做大，向民营企业开放投资领域，为民营企业搞好服务，协调推进内源经济与外资经济的共同发展。同时，以产业结构调整和产品转型升级为核心，大力实施推进资源主导型经济转向创新主导型经济、初级城市化社会转向高级城市化社会的双转型战略。

东莞以加工贸易起家，制造业发达、外贸进出口发达，号称“世界工厂”，企业普遍属于劳动力密集型。具体来看，东莞市政府在推动产业转型升级方面主要做到了以下几点。

(1) 调整战略定位，科学规划引领。面对国际金融危机和产业转型升级的巨大压力，东莞提出了四个忍得住：“忍得住暂时的阵痛，忍得住暂时速度的放缓，忍得住暂时收入的减少，忍得住社会的非议”，没有急于出台临时性、刺激性政策。而是目光长远，实事求是地分析存在问题，重新审视东莞产业结构，提出了“双转型”战略，要从过去的资源主导型经济转向创新主导型经济，要加快推进初级城市化社会转向高级城市化社会。并出台了《东莞市产业结构调整规划（2008—2017）》《关于全面提高开放型经济水平的若干意见》《关于加快建设现代产业体系的实施意见》等一系列政策，从城市建设、科教文化、招商引资、产业布局等多方面系统性引领和推进产业转型升级。

(2) 实施三重建设，加快招商引资。针对东莞毗邻深圳的有利位置，东莞市政府全面推进“深莞一体化”，积极承接深圳外溢产业转移，实施“三重建设”战略，加大对重大项目、重大产业集聚区、重大科技专项的引进，以松山湖高新区为载体，以科技产业化为抓手，加快招商引资进度，不断兑现和释放地缘红利。及时出台了《关于加强重大项目招商引资工作的意见》等“1＋5”政策文件。明确了重大项目的认定办法、奖励办法，组建专职招商队伍，实行“一站通”等，建立起重大项目招商引资的政策框架体系。在此期间，东莞成功引进了投资超600亿元的粤海装备技术产业园、123亿元的中粮集团粮油食品加工园区、100亿元的华为终端总部等重大项目，初步形成了“星月争辉”的崭新局面。

(3) 提升政府效率，优化服务水平。东莞既不是经济特区又不是计划单列市，既没有立法权也没有特殊政策，资金技术等各方面均不占优势。在此背景下，东莞市政府不等不靠，主动作为，打破传统意识的束缚。以改革创新为抓手，全面转变政府职能，积极提升工作效率，优化服务水平，全力助推产业转型升级。其中：2008年全国首创了加工贸易企业“不停产转型”模式，为企业转型节省了时间、减少了损失、加快了速度。2012年建立“东莞市加工贸易服务管理平台”，全国首创外经贸、海关、检验检疫与企业的“四方联网”，后期又新增了工商、外汇、国税、财政4个部门，实现了“八方联网”，做到“企业一次录入，部门一次审批，数据实时共享”。2012年在全国率先推行商事制度改革，确立了便捷登记、审批提速和协同监管“三位一体”的商改体系。2015年在全国率先启动陆运口岸“三互”大通关模式，实现通关效率再提速、企业通关成本再降低、监管服务水平再提升。

（4）加大科研投入，推动机器换人。科技创新是产业转型升级的核心动力，东莞市政府以提升企业自我造血能力为主要着力点，推出“东莞制造2025战略”、“科技东莞”工程、“机器换人”工程，从“引、投、创、销、融、保”等方面给予全方位扶持，从2006年起每年投入10亿元，从2012年起每年投入20亿元，加大对战略新兴产业扶持力度，引导企业重视产品研发，推动机器换人，淘汰落后产能，以科技引领来促进企业创建品牌、提升效益。2008—2015年，东莞科技创新驱动能力持续增强，国家高新技术企业从2008年的470家提高至2015年的986家，年均增加73家，发明专利申请量从2008年的1188件提高到2015年的11166件，年均增长37.8%，发明专利授权量从2008年的115件提高到2015年的2795件，年均增长57.7%，R&D支出占GDP的比重从2008年的0.9%提高至2015年的2.3%，各项指标均位于珠三角前列。

（5）夯实基础教育，促进技能提升。产业转型升级离不开人才，而一直以来东莞在外界的形象都是“暴发户”和“文化沙漠”，针对东莞教育文化基础薄弱的现状，东莞市政府下定决心加大教育投入、夯实基础教育，同时加大人才引进力度，加强职业技能培训，力求以此为突破口，为产业转型升级提供充足的人力资源保障。2008—2015年，东莞的教育支出年均增长26.7%，翻了两番，教育支出占财政支出比重超过20%，在珠三角城市中排名第一，高校数量从2008年的4家增加至2015年的8家，2012—2015年，东莞市普通高考质量四项主要指标实现全省“四连冠”，整体基础教育质量得到显著提升。同时，东莞市政府还通过“人才东莞”工程，从2012年起每年投入10亿元，加大对外来高端人才的引进力度，对外来务工人员参加培训给予补助，积极引导企业重视人才、重视劳动技能提升，以软实力来推动硬实力。

4. 苏州市推动产业转型升级

苏州历史底蕴厚重，一直以来都是中国的经济、文化中心，改革开放以来更是凭借外向型经济持续领跑，各项经济指标长期雄踞国内地级市第一位。然而随着2008年全球金融危机爆发，国际需求大幅萎缩，经济外向度较高的苏州受到明显冲击，进出口总额增速从2008年的8%急速滑落至2009年的－11.8%，原有高消耗低成本的扩张发展模式面临严重瓶颈，转型升级需求十分迫切。针对这种情况，苏州市政府主动出击，充分发挥政府调控与市场调节的互补作用，以提升产业价值链为核心，加快产业结构调整的步伐，努力推动从依靠物质资源消耗向创新驱动转变、从粗放式增长向集约型发展转变、从城乡二元结构向城乡一体化转变的转型升级路径，并取得了阶段性成效。具体来看，苏州市政府在推动产业转型升级方面主要做到了以下几点。

(1) 找准定位做好规划。面对市场机制运转不畅的状况，苏州市政府积极干预，强力介入，充分发挥政府调节市场的作用，积极抢占转型升级的制高点。一是找准自身定位。针对苏州工业基础雄厚、外向型经济发达、毗邻上海的特征，以开放包容的心态，充分发挥自身优势，坚持第二、第三产业齐头并进，加快发展生产性服务产业，以高规格、高起点、高技术作为突破口，重新整合行业布局，不断做大地缘红利蛋糕。二是做好总体规划。2009年提出了把建设“三区三城”（即科学发展的样板区、开放创新的先行区、城乡一体化的示范区，高端产业城市、最佳宜居城市、历史文化与现代文明相融合的文化旅游城市）作为转型升级的总目标、总定位、总要求。在“十二五”规划中，提出了全面实施创新引领、开放提升、城乡一体、人才强市、民生优先、可持续发展的六大战略，以科学规划来引领产业转型升级。

（2）政策扶持制度保障。苏州市政府先后出台了《苏州市产业发展导向目录》《关于加快经济转型升级做大做强中心城市的若干政策意见》《苏州市工业产业梯度转移规划（2011—2015）》《苏州市新兴产业倍增发展计划（2010—2012）》《苏州市战略性新兴产业十大领域技术指引》《苏州市服务业新一轮跨越发展计划》等一系列政策文件，大力发展新能源、新材料、节能环保、生物技术和新医药、新型平板显示、高端装备制造、软件和服务外包、智能电网和物联网八大战略性新兴产业。与此同时，苏州市政府还积极争取各项改革试点，先后被批准成为全省和全国的城乡一体化发展综合配套改革试验区、中国服务外包示范城市、全国加工贸易转型升级试点城市、国家可持续发展试验区、国家创新型试点城市等，既得到了相关试点城市的优惠政策，又得到了相关项目的先行先试权，以全方位的政策和制度保障，来推动产业转型升级目标的顺利实现。

（3）千方百计引进人才。苏州市政府为适应结构调整和产业转型升级要求，紧跟国际产业资本转移和海外人才回流大势，坚持人才强市和人才优先发展战略，创新人才培养和工作机制，出台了《苏州市中长期人才发展规划纲要》，构建了集人才培养、激励、服务于一体的政策体系，实施了“姑苏人才计划”“海鸥计划”“鲲鹏计划”“1010 工程”，推进“苏州国际精英创业周”、“千人计划”创业大赛、“赢在苏州”系列海外创业大赛，不断加大对创新型人才、紧缺型人才、高层次人才和高技能人才的引进。在 2008—2015 年新增国家“千人计划”专家 186 人，累计人数从 2008 年的 1 人发展至 2015 年的 187 人，人才总量从 2008 年的 76 万人增加至 2015 年的 227 万人，年均增长 16.9%，其中高层次人才从 2008 年的 4.3 万人增加至 2015 年的 17.8 万人，年均增长 22.5%，形成引才、聚才、用才的良好环境，以人才结构优化来加速引领和助推产业转型升级。

(4) 积极转变政府职能。苏州市政府积极转变政府职能，结合新加坡园区管理的“亲商”理念，不断提升政府效率和服务水平，为产业转型升级打造一流的软环境。在此期间，苏州市政府以“团结拼搏、负重奋进、自加压力、敢于争先”的“张家港精神”、“艰苦创业、敢于创新、争先创优”的“昆山之路”、“借鉴创新、圆融共赢”的“园区经验”三大法宝为抓手，用文化和精神的力量来进一步解放思想和行动，牢固树立“机关就是服务，公务员就是服务员”理念。并以改革创新为突破口，在2009年试水“大部制”改革，开展“作风效能大家评”“勤廉指数”“勤廉满意度”等一系列活动来提高服务发展、服务民生的工作水平，坚持讲实话、干实事、出实招、求实效，推动政府效率不断提升，现代化意识不断增强。在北京师范大学从2014年开始首次公布的中国地方政府效率排名中，苏州名列第4位，2015年则上升至第3位，仅次于东莞和深圳。通过把作风效能建设的成效转化为强大的现实生产力，进而凝聚整个社会共同和谐发展的强大合力，助推转型升级的顺利开展。

(5) 大力推进产城融合。苏州市政府充分意识到城市的规格与品质决定着产业的承载能力和发展能力，借鉴新加坡的成功经验，大力推进产城融合，即产业与城市融合发展，产业转型升级与城市功能提升相辅相成、相互转化促进。苏州工业园区从建设初期就开始贯彻产业发展与城市建设并进，引入国际先进的城市规划设计理念，科学布局工业、商贸、居住等各项城市功能，勾勒国际化、现代化、园林化的新城区框架，形成“产城共荣”的双赢局面。与此同时，苏州市政府投入巨资，完善升级各项基础设施建设及轨道交通路网建设，实施了南环、虎丘、桃花坞三大危旧房改造工程，深入开展城市环境综合整治提升行动，建立了生态补偿机制和耕地保护机制，精心将苏州打造成为一座宜商宜居的国际化大都市，从而进一步拓展了苏州的产业转型升级空间，为高端人才、技术、企业的落户奠定了坚实的基础。

3.3 政策启示

他山之石，可以攻玉。通过对国内外政府推进科技创新和产业转型升级实践的回顾，我们可以看到，由于不同国家、地区所处的发展环境和条件不同，不同国家、地区政府在推进科技创新和产业转型升级过程中的做法也不尽相同，其中既有共性的规律，也有个性的特色，都值得仔细、深入研究。实践证明，尽管国内外许多国家和地区的科技创新模式和产业转型模式各具特色，但都符合其国情，是特定历史条件与实际情况相结合的产物，通过分析，可以带给湘西州以科技协同创新推动产业转型升级一些有益的启示。

3.3.1 科技创新启示

1. 科技创新是决定国家或区域兴衰的关键因素

一个国家要真正崛起并保持强国地位，仅靠自身传统要素的比较优势是不行的，必须充分发挥科技创新能力及其主要载体——制造业的竞争力。不断进行科技创新，充分激活和发挥全民创新潜力，是实现经济持续稳定发展的重要基础要素之一。而从历史上看，每次科技和产业革命都会推动世界经济快速发展，如果制度安排和发展战略得当，就能够抓住机遇实现科技创新能力跨越式发展。而新一轮科技和产业革命的内容，主要集中在信息网络技术、新能源新材料、智能制造等领域，有利于解决资源、环境、人口与健康等方面的重大问题，抓住这次机遇，将对实现社会经济文化的可持续发展有很大的助益。

2. 从引进模仿到自主创新是科技创新能力建设的捷径

科技创新一般都有一个从模仿到原创的演变过程，既不能停留在模仿阶段，也不能脱离实际，盲目追求高精尖。美国早期的科技创新是从引进先进技术进行消化吸收和再创新起步的，以实用性创新为主，基础科学研究建树不多。第二次世界大战后，美国才大力支持基础研究和前沿性重大技术研发，逐步向原始创新转变。日本更是引进模仿的典范。由此可见，为了实现从引进技术到自主创新的转变，需要切实加强对引进技术的消化吸收和对已有技术的集成创新。应该紧紧围绕经济社会发展的重大需求，以市场为导向，以企业为主体，政产学研相结合，更有效地推进全面创新和加快先进技术产业化。同时要有重点地加强基础研究和前沿技术研究，加快培育提升原始创新能力，夯实持续创新发展的科技基础。

3. 激励创新的制度和文化是推动科技创新的根本保证

检视发达国家科技创新的经验，我们可以发现，它们都建立了比较完善的创新激励制度，包括知识产权制度、教育制度、反垄断制度、投融资制度等，并在全社会形成了尊重知识、科学和人才，赞美成功也宽容失败的文化氛围。因此，推进科技创新，根本在于建立有利于充分激励创新的制度环境和社会文化。为此，一是要不断健全国民教育体系，普及基础教育，积极发展中等和高等职业技术教育，建设一批高水平的研究型大学，不断提高全民科学文化素质，大力培养创新型人才。二是要对应创新链条的各个环节做出适当的政策制度安排。三是要在全社会弘扬创新创业精神，真正形成“大众创业万众创新”的社会环境和文化氛围。

4. 不断优化企业科技创新生态环境

切实实施创新驱动发展战略，不断优化企业科技创新生态环境。国际经验证明，企业是创新的主体，创新驱动实际上是人才驱动，政府在引导企业创新、搭建创新平台、促进成果转化、培育创新人才方面负有重要责任。因此，有必要加快先进信息技术在生产领域的应用，优化升级改造传统产业。进一步突出企业的创新主体地位，着力促进科技成果转化，不断完善科技成果转化服务平台和技术产权交易中心建设，鼓励股权融资和风险投资，积极培养创新创业团队、产业领军人才和实用技能人才，为科技创新提供资金和智力支持。

3.3.2 产业转型升级启示

1. 结合自身实际，科学研判规划引领

产业转型升级没有绝对的成功经验和路径，也无法完全抄袭复制，还是需要结合自身实际，科学研判未来发展方向。从国内外政府实践经验来看，各地政府均能够充分认清自身的优势和劣势，扬长避短，合理定位，科学规划，引领产业转型升级。湘西土家族苗族自治州位于湖南省西北部，与湖北、贵州、重庆三省市接壤，素为“湘、鄂、渝、黔咽喉”之地，是国家西部大开发、武陵山片区区域发展与扶贫攻坚先行先试地区，是湖南省唯一的少数民族自治州、湘西地区开发重点地区和扶贫攻坚主战场。湘西州充分发挥劳动力和自然资源丰富的优势，积极发展第二、第三产业，近几年取得了较为满意的成果，产业结构正逐步优化，第一产业比率逐年降低；第三产业呈上升趋势。但是存在的问题依然严重：一是工业发展水平低，基础薄弱。从工业发展水平看，湘西州工业产品市场竞争力整体偏低，初级产品多、传统产品多、高科技含量产品少。二是企业筹融资渠道单一，融资手段主要以银行间接融资为主，产业发展的资金瓶颈约束较大。三是企业缺乏发展活力，普遍存在观念和管理落后的状况，技术和管理人才缺乏。这些优势和劣势都是湘西州政府在推进产业转型升级时研判形势和制定规划需要重点关注的。

2. 引领转型升级期间，政策要更有针对性

政策一定要有针对性才能具备生命力，才能更好地发挥政策效应，起到“四两拨千斤”的作用。从国内外政府实践经验来看，在产业转型期间，政府制定的政策往往会更加注重针对特定行业、特定事件以及特定群体，实行精准施策，而不是面面俱到的普惠式政策。尤其是湘西州当前处于推进产业转型升级的爬坡过坎阶段，更加需要政府部门展开详细的调查研究、深入了解各产业在转型升级方面的需求，进而制定更有针对性的政策，积极营造一个有利于产业转型升级的宏观环境。

3. 加强体系建设，统筹兼顾系统推进

产业转型升级是一项系统性工程，涉及经济、社会、环境、科技、教育等多方面因素，牵一发而动全身，只要有哪一方面的问题没有处理好，就很容易导致整体性问题。从国内外政府实践经验来看，对于产业转型升级往往需要统筹兼顾各个方面并进行系统性推进，对于政府的统筹能力和系统思维是一个极大的挑战。对湘西州政府而言同样如此，在推进产业转型升级过程中，既需要有中长期的远景规划，又需要有短期的具体应对措施；既需要积极引导传统产业走向高端、保持市场份额，又需要扶持新兴产业落地生根、丰富产业链条；既需要加速招商引资、积极发展经济，又需要注重生态环保及城市建设。

4. 转变政府职能，服务型政府势在必行

企业才是产业转型升级中的主体，因此在推进产业转型升级过程中，政府除了要做好“设计师”和“裁判员”的角色之外，还需要做好“服务员”的角色，通过提供优质高效的公共服务，为企业减轻负担、轻装上阵。从国内外政府实践经验来看，这些国家及地区政府的政府效率及服务水平都是同级别中最优秀的典范，并且在推进产业转型升级中发挥了巨大的作用。因此，对于湘西州而言，加快转变政府职能、建设服务型政府已是大势所趋、势在必行，必须在原有改革创新的基础上，进一步加大简政放权力度，释放市场活力，为产业转型升级保驾护航。

4 湘西州科技协同创新分析

4.1 2017 年湘西州国民经济发展和研发情况

4.1.1 2017 年湘西州国民经济发展情况

2017 年以来，在湘西州州委、州政府的坚强领导和州人大及其常委会的监督指导下，全州上下认真贯彻落实上级的各项决策部署，以建州 60 周年为契机，坚守“542”发展思路，大力实施“四轮驱动”，深入开展“三年活动”，经济运行中稳的基础在巩固、好的态势在延续、增的包容性在提升。2017 年主要经济指标增速基本都高于全国、全省平均水平，财政总收入、城乡居民可支配收入、进出口总额、贷款等指标增速在全省排名靠前，较好地完成了十四届人大一次会议确定的主要目标任务。

1. 经济运行稳中向好，主要指标符合预期

2017 年，全州实现生产总值 582.64 亿元，增长 7.6%；完成固定资产投资 450 亿元，增长 13%；实现财政总收入 106 亿元左右，增长 22.61%；实现规模工业增加值 75 亿元，增长 6.5%；实现社会消费品零售总额 281 亿元，增长 11%。城镇、农村居民人均可支配收入分别达 22790 元、8300 元，分别增长 9.5%、12%。实现进出口总额 2 亿美元，增长 67%。金融机构存贷款余额分别达 1210 亿元、650 亿元左右，分别增长 18%、25%。完成省下达的节能减排年度目标任务。

2. “十项工程”纵深推进，脱贫攻坚成效明显

深入开展精准扶贫精准脱贫工作，全面完成年度目标任务，全年有望脱贫15万人、贫困村退出229个、贫困发生率下降至10.5%。认真组织开展精准识别“回头看”工作，完成贫困人口摸底排查和再认定。扎实开展“脱贫攻坚突出问题集中整治”，完成国省检查整改任务。大力推进精准脱贫“十项工程”。发展生产脱贫方面：统筹整合10亿元以上涉农资金用于产业扶贫，有力促进了建档立卡贫困户发展产业、贫困村发展集体经济和农业园区建设等。乡村旅游脱贫方面：实施“土家探源”“神秘苗乡”两条精品线路建设，完成投资3亿元。开展旅游企业帮扶行动，华天实业控股集团等14家旅游企业结对帮扶14个旅游重点村。转移就业脱贫方面：全州新增贫困劳动力转移就业1.26万人，建档立卡贫困劳动力转移就业脱贫2.5万人。易地搬迁脱贫方面：2016年启动实施48个项目已全部竣工入住；2017年实施30个易地扶贫搬迁项目，建设安置住房8607套，搬迁3.67万人。教育发展脱贫方面：建档立卡贫困家庭子女就读率100%，贫困户家庭普通高中生免费入学率100%。医疗救助帮扶方面：建档立卡贫困人口参合率100%，贫困人口医疗救助报销比例85%以上，特困群众大病医疗报销率100%。生态补偿脱贫方面：发放退耕还林、生态公益林等生态补偿金3.8亿元；新增建档立卡贫困人口2347人转为护林员，带动10687名贫困人口脱贫。保障兜底方面：稳步推进农村低保标准和扶贫标准“两线合一”，人均月发放标准达到262.8元。基础设施配套方面：新巩固提升35.5万人农村居民安全饮水；完成77个村电网改造、142个村电网升级完善；完成全州农村公路提质改造493公里；全州共申报总投资16.5亿元、总装机规模23.6万千瓦的光伏扶贫电站，覆盖全州8县市1072个贫困村，涉及2.9万户建档立卡户，新建村级光伏发电站174座，并网发电115座。公共服务保障方面：建设37所农村综合文化服务中心示范点、36个乡镇（街道）网格化指挥中心、799个村级综合文化服务中心，实施广播“村村响”、广播电视直播卫星“户户通”等工程。加强扶贫协作。与济南市签署“1+7+11”扶贫协作框架协议，达成帮扶项目（事项）共114个，到位帮扶资金8276万元，启动了湘西州民族中学经开区分校（湘西济南中学）等50余个合作、协作事项。省辖7市对口帮扶工作有力有效，全年到位帮扶资金2.7亿元。中央部委、博士服务团、社会组织、民间机构、企业、个人等扶贫帮扶工作有序开展。

3. 重大项目推进有力，投资拉动效应不断释放

350个州重点项目完成投资567亿元，完成年计划任务的102%；25个省重点项目完成投资180亿元，完成年计划任务的115%；建州60周年300个重点项目累计完成投资1510亿元，年度完成投资470亿元；动态储备重大项目202个，总投资2262亿元，完成年计划任务的188%。州文体中心、博物馆非遗馆、永吉高速等一批重大项目竣工投产，黔张常铁路、张吉怀高铁等一批重大项目进展顺利，湘西机场、天然气长输管网等一批重大项目开工建设。项目管理不断加强，实行“一月一巡查调度、一季一督察通报、一年一考核奖惩”的项目调度、监管和考核机制，深入开展重点项目环境优化行动及未开工重大项目专项督察，确保了项目进度和质量。

4. 结构调整步伐加快，产业发展动能不断汇聚

一是服务业提速发展。第三产业增加值增长11%，对GDP增长的贡献率达70%。吉首世纪广场商业城等商贸物流园区项目进展顺利；全年实现电子商务交易额22亿元，增长20%，新增200个农村电商服务站。四大旅游黄金板块、两条精品线路、凤凰旅游基础设施转型升级等旅游景点、景区基础设施加快推进，成功举办中国湖南（第八届）旅游产业博览会、武陵山旅游发展高峰论坛等重大活动，全州共接待游客4450万人次、实现旅游收入325亿元，分别增长16%、25%。二是工业转型发展。工业结构不断调整，锰锌等传统产业整合提升，新材料产业持续扩大，以绿色食品、生物医药、电子设备为主的新兴产业快速成长，新增高新技术企业20家，工业结构从“一矿独大”向“多点支撑”和中高端发展转变。平台建设不断加强，工业园区基础设施建设加快推进，完成投资50亿元，新建成标准厂房100万平方米，泸溪高性能复合材料产业园得到省委省政府高度肯定；吉首大学获批湖南省大众创业万众创新基地，汇锋高新能源有限公司获批省级企业技术中心，恒裕科技、金天科技获批省级工程研究中心。争取到 7800 万元下浮电价，促进企业复产达产。三是农业提质发展。粮食总产量基本稳定，全年总产量 84.3 万吨。农业供给侧结构性改革深入推进，实施特色产业提质增效“845”行动计划，重点推进 24 个万亩精品园、229 个千亩标准园、2303 个百亩示范园、16 个三大产业融合发展示范区建设。开展农产品质量安全示范州和国家有机产品认证示范州创建工作，保靖县、古丈县成功获首批国家有机产品认证示范创建区，新增“三品一标”认证产品 32 个，泸溪椪柑获 2017 年消费者最喜爱中国农产品区域公用品牌称号，龙山百合获 2017 年中国（国际）农博会金奖，永顺松柏大米取得地标产品认证，十八洞猕猴桃等 12 个农产品获 2017 年中国中部（湖南）农博会金奖；猕猴桃、辣椒等优质特色农产品直供华润万家超市，远销中国港澳、韩国、俄罗斯、加拿大。农业规模化加快推进，新增和完善农民合作社 1068 个、家庭农场 947 个，新增土地流转面积 20.5 万亩，农民实用技术培训 30 万人次，实现农产品加工企业销售收入 80 亿元。

5. 新型城镇化建设加快推进，城乡面貌变化显著

一是城乡规划体系不断完善。编制完成了《湘西州州域城镇体系规划（2016—2030 年）》《湘西州土地利用总体规划调整完善（2017 年修订版）》、208 个美丽乡村村庄规划和 82 个传统村落规划。强化规划管控，“三证一书”发放率达 100%。二是城市扩容提质步伐加快。州府新城呈现新面貌，吉首城市道路交通、地下综合管廊、城区绿化工程等项目建设相继完成。7 个县城新区拓展、老城区提质改造步伐加快，一批城市综合体、城区道路、背街小巷改造等项目相继竣工。全州城镇化率达到 45%。三是城乡建设力度加大。开展美丽乡村示范创建，完成 3750 栋特色民居整治，龙山华塘街道办事处、保靖毛沟镇等省际边界口子镇获省资金支持，里耶镇成功入选“全国特色小镇”，浦市镇荣获湖南省“美丽少数民族特色村镇”，塔卧镇、十八洞村等 25 个镇村成功获批省级历史文化名镇名村，凤凰古城获评“2017 最受网民喜爱的十大古村镇”称号。实施环境综合整治、污染治理等工作，城镇生活污水、垃圾处理率分别达89.5%、97.5%，空气质量优良率排在全省前列。

6. 融资渠道不断拓展，各项资金争取有力

一是上级资金争取有力。全州各级各部门通力协作，上争资金有力。全年发改口累计争取到位国省资金超过20亿元。二是金融资金争取有力。开发性金融合作有新成效，国开行贷款余额达73.9亿元。2017年5月全州银政签约的396个项目、银企签约的243个项目，分别到位资金超过240亿元、91亿元。积极开展金融扶贫，金融精准扶贫贷款余额137.2亿元，增长36.6%，分别与浦发银行、华融湘江银行合作设立300亿元、100亿元扶贫产业基金，浦发银行已投放12.5亿元；建成1100个贫困村金融扶贫服务站。三是社会资金争取有力。不断创新融资模式，全州PPP项目累计签订合同42个，总投资477亿元。吉首华泰14亿元债券、凤凰铭城8亿元债券成功获国家发改委批复并已全部发行。四是招商引资有新成效。全州招商引资到位资金300亿元，增长20%，新引进全经联、华瑞集团等一批大型企业来湘西州投资。

7. 改革开放深入推进，市场主体活力迸发

一是供给侧结构性改革深入推进。严格落实“三去一降一补”任务，去产能方面，煤炭企业由原来14家减少到1家，产能由原来27万吨减少到6万吨；29家烟花爆竹企业全部退出。去库存方面，商品房待售面积下降60%以上。降成本方面，全州规模以上工业企业每百元主营业务收入中的成本为85元，低于全国水平。补短板方面，全州基础设施、民生、生态等领域不断加强。二是放管服改革深入推进。取消行政审批事项10项。“五证合一”实现全覆盖，全州新增各类市场主体1.8万户，其中，新增企业4000户。启动20个部门、30项涉企证照的“多证合一”改革，发放“多证合一”营业执照1051件。三是投融资体制改革稳步实施。制定出台《湘西自治州人民政府核准的投资项目目录（2017年本）》《湘西自治州优化投资项目审批流程实施方案》《湘西自治州州本级政府投资项目审批及概算管理办法》《湘西自治州公共资源交易监督管理办法（修订）》等政策文件。PPP 项目联审机制初步建立。投资项目在线审批平台全面应用。四是各项重点领域改革进一步深化。价格体制改革、国有企业改革、社会信用体系建设等工作有序推进。食盐价格全面放开。泸溪高新区获批全国第二批配电增量试点。

8. 社会保障不断加强，民生福祉积极改善

全州财政完成民生事业支出 188 亿元，占财政总支出比重的 65%左右。生态建设力度加大，完成营造林 14 万亩，永顺猛洞河湿地公园获批国家湿地公园（试点），青坪油桐种质资源库获批“国家林木种质资源库”，湘西州生态保护与建设示范区通过国家中期评估。就业保障不断加强，全州城镇新增就业人数 2.23 万人，新增农村劳动力转移就业 2.66 万人，城镇失业登记率控制在 4.26%，泸溪县获国家还乡创业试点县。教育体育事业不断发展，布局不断优化，新增城镇学位 1.2 万个。医疗服务不断提升，州中医院正式挂牌湖南省民族中医院，湖南省唯一的全国结核病分级诊疗和综合防治服务模式试点在湘西州启动。住房保障进一步提升，全州棚户区改造开工建设 10367 户，完成 35971 户农村危房改造。物价温和上涨，居民消费品价格指数涨幅控制在 1%之内。防灾抗灾有力有效，没有发生重大伤亡事故。各项民生事业不断加强，社会和谐稳定。

4.1.2　2017 年湘西州研发调研分析

2017 年，湘西州深入实施供给侧结构性改革，积极调整产业结构，提高发展质量，淘汰了部分高能耗、高污染的锰锌采矿和生产企业，培育和发展了一批新兴产业，使得工业企业发展质量和效益得到提升，企业科技活动不断发展活跃。但由于全州经济发展水平较低、工业企业转型升级困难、科技创新底子较薄等因素影响，湘西州仍存在着科技投入规模偏小、科技创新能力不强、发展环境有待改善等问题，R&D 经费支出总量小，占 GDP 比重在全省处于落后水平。为了解全州 R&D 经费支出主要情况及特点、影响因素，我们对2017年R&D经费支出规模千万元以上的重点研发企业进行了调研，主要情况如下。

1. 全州企业研发基本特点

(1) 企业研发投入增长有所加快。2017年全州规模工业企业不断加大研发投入，企业创新活力竞相迸发。数据显示，全州规模工业企业R&D经费支出7885.6万元，比上年同期增加2058.4万元，增长35.3%，增速较上年提高28.3个百分点。

(2) 企业科技研发活动有所活跃。2017年研发统计年报中，湘西州共上报研发项目77个（全部为工业企业项目，非工业企业上报研发项目数量为0），比上年同期减少2个。全州规模以上工业企业共242家，比上年同期减少29家，实施工业企业研发项目77个，比上年增加10个，增长14.9%。有R&D活动的规模工业企业40家，比上年同期增加10家，增长33.3%；占规模工业企业数从上年的11.1%提高到16.2%，增加了5.1个百分点。其中，设立研发机构的企业数从上年的15个增加到18个，增长20%。

(3) 企业研发力量有所提高。2017年，全州工业企业研发人员合计525人，较上年增加131人，增长33.2%。其中研究人员157人，较上年增加54人，增长68.8%；其中全时人员362人，较上年增加153人，增长73.2%。

(4) 企业创新驱动成效较为明显。2017年，全州工业企业投入新产品开发经费支出9502万元，较上年增加2993.4万元，增长46%；实现新产品产值8.83亿元，占规模工业总产值的3.4%；新产品销售收入8.6亿元，增长2.6%（见表4-1）。

表4-1　2017年湘西州R&D活动主要指标数据

指标名称	计量单位	本年	上年	增幅（%）
企业数	家	242	271	−10.7
其中：有R&D活动企业数	家	40	30	33.3
R&D人员合计	人	525	394	33.2

续 表

指标名称	计量单位	本年	上年	增幅（%）
R&D经费内部支出合计	万元	7885.6	5827.2	35.3
专利申请数	件	84	34	147.1
其中：发明专利	件	31	18	72.2
有效发明专利数	件	100	48	108.3
其中：已被实施	件	53	16	231.3
新产品销售收入	万元	85954.5	83802.7	2.6
使用来自政府部门的研发资金	万元	1448.9	1587.6	−8.7
研究开发费用加计扣除减免税	万元	461.6	315.7	46.2
高新技术企业减免税	万元	297.6	203.0	46.6
R&D经费内部支出合计与主营业务收入之比	%	0.32	0.27	0.05

2. 主要调研单位研发主要情况

1）单位研发成果

湘西自治州丰达合金科技有限公司是湘西州目前研发投入最大的企业。该企业成立于2007年，是一家专业从事锰系合金研发、生产的“国家火炬计划”重点高新技术企业，科技部“湘西国家锰深加工高新技术产业化基地”核心企业。目前，该企业已自主研发出高氮氮化锰、锻轧锰、锰铝合金、金属锰块、氮化钒等系列产品，年产能6万吨，市场占有率居全球第一，是目前国内最大的锰系新材料生产企业、湖南省首批认定的新材料企业、湖南省科技成果转化示范企业、湖南省重点上市后备企业。近年来，该企业先后承担了科技部“科技型中小企业创新基金”重点项目、科技部“国际科技合作项目”“国家科技支撑计划”等十多项省部级科技计划项目，多次获省州科技进步奖及湖南省专利奖，产品在技术水平、质量、市场占有率上都处于行业领先地位，特别是“高氮氮化锰”产品为国家重点新产品，“吉丰达牌”商标为湖南省著名商标。

2）新出台政策对企业研发情况的影响

近年来，在“大众创业、万众创新”的浪潮下，国务院以及各级政府把创新驱动与科学发展作为推动经济社会发展的“新引擎”，出台了一系列相关文件和措施鼓励企业进行科技研发及创新，支持企业加大科研经费的投入，强化政府资金引导作用，并对企业进行扶持和奖励。例如，湖南省实施加大全社会研发经费投入行动计划、推动企业普遍建立研发准备金制度、对企业研发投入进行财政奖金奖补等。这些鼓励企业进行研发创新的激励政策，都极大地促进了企业对科研的积极性、主动性，使企业能够有效地根据自身情况，有计划、持续地增加研发投入，进行新产品研发及技术创新升级。

（1）开展升级改造。2018 年，湘西自治州丰达合金科技有限公司在确保公司经营连续、安全的基础上，积极进行各项生产经营、新产品研发及技术升级改造活动。2018 年，随着国家深化改革已经显现成效，国家又明确提出促进实体经济发展、激发企业活力，该公司将利用更多有利的经济机遇，争取产量、销售量继续有所增长，迈上一个新台阶。目前，该公司建有“湖南省锰精深加工工程技术研究中心”“锰锌矿业重金属污染综合防治技术湖南省工程实验室”“矿物清洁生产与绿色功能材料开发湖南省重点实验室”“湖南省企业技术中心”等多个省级科技创新平台。

（2）扩展整体实力。新出台政策将激励企业继续立足于现有资源优势，加大技术改造力度，进行新生产项目的建设，巩固行业地位，提升公司实力。另外，企业还将主动跟踪市场需求和动向，对现有产品进行技术升级，做一些产品优化、系列化、细分化的工作，并计划自主研发或引进技术合作，力争做一些新产品研发。

3. 影响企业研发的关键因素

近年来，由于国内外经济环境错综复杂，实体经济利润率不断下降，盈利空间十分狭窄，企业面临费用多、成本高、融资难、税负重、竞争加剧等生存压力，特别是近年来受到环境整治及安监整治等国家政策影响，州内锰矿石开采企业被迫关停整合，原材料供应受到影响，导致企业生产形势较为艰难。同时，湘西州经济发展水平低、企业转型升级难、科技创新底子较薄，企业仍存在着科技投入规模偏小、科技创新能力不强、发展环境有待改善等问题。

4.2 湘西州科技协同创新的制约因素

近年来，湘西州科技协同创新能力虽然取得了长足进步，但主要指标均处于湖南省后列，自主创新能力与国家创新型城市的总体要求还存在不小的差距，与湖南省内娄底、常德等湘中城市相比，与重庆秀山县相比，差距明显。总体来看，湘西州科技协同创新主体还存在大型企业与中小企业之间自主创新能力不平衡性障碍，新兴产业、企业创新活力强与易受经济环境影响抵御创新风险能力弱之间的市场性障碍，区域创新人才资源短缺与人才需求迫切之间的缺陷性障碍，科技创新资金投入不足与财政资金使用效益发挥不够之间的不协调性障碍，科技体制改革现状与顺应新常态新形势要求存在滞后性障碍。具体表现在以下五个方面。

1. 科技管理体制改革滞后

中共十八届三中全会以来，国家在科技体制改革方面明确了具体方向和举措，南京、武汉、重庆、长沙等国内创新活跃的一些城市抢抓机遇，纷纷出台了配套改革政策，加大科技投入和政策支持力度，全国上下已经掀起了新一轮争夺创新资源、创新人才和创新成果的热潮。而湘西州所建立的创新制度体系基本都是2015年以前的制度框架。科技体制改革强调由市场发挥对技术创新的导向机制，强化金融与创新之间的融合，完善科技成果转化的激励政策，创新吸引、培育、使用高端人才的机制，建立更加高效的研发组织体系等区域化改革举措尚未真正建立。面临新常态和新形势，湘西州应结合产业转型实际，加快科技体制改革，研究制定新的科技创新政策，加大科技创新投入，激发社会创新活力，形成有利于区域创新的政策环境和社会氛围。

2. 创新资源先天不足

一方面，由于决定矿产资源分布的自然条件导致“因资源而生”的城市往往远离经济中心城市，地区偏远度较大，而国家重点科教资源90%均分布在直辖市和省会城市。因此，区域内天然性地缺乏重点大学、研究机构等创新资源。湘西州目前还没有中央或省属支撑主导产业发展的科研机构，仅有一所以经济管理类为主的普通本科高校，创新资源相对匮乏。并且，“资源诅咒”产生的挤出效应也成为人力资源开发、研发投入等创新活动的制约因素。另一方面，国内高校和科研机构普遍存在大多数技术成果的成熟度与产业化距离尚远，难以有效形成企业急需并能直接应用的技术转化，不能形成有效、持续的创新供给。

3. 创新服务平台支撑作用不够

现有的科技孵化器、加速器、众创空间等科技创新公共服务平台在服务功能上尚不能适应创新创业的形势需要，科技成果转化全过程创新服务的体制机制尚未健全，特别是中试工程化环节、创业风险投资和政府采购政策环节均存在缺失。产业技术创新联盟在发挥协同效应、突出集群优势，承担行业关键技术攻关项目、创制标准、转化推广成果等方面的作用不明显，风险共担利益共享的运行机制尚未建立，提升改造行业共性技术研发推广主要还是依靠政府的力量。

4. 高层次创新人才匮乏

改革开放以来，湘西州许多单位和企业的科技人才，特别是高层次的科技人才“外流”现象严重，演绎出了一幕幕新时期的“孔雀东南飞”。主要有以下三个方面的原因。

(1) 工作条件较差。由于湘西州财政困难，每年科技经费虽然一直在持续增加，但基数还是偏小，致使科技人员从事科研开发工作的基本设备、环境较差，使科技研发和推广工作难以进行，有的项目因经费原因不得不中断，有的已有科技成果因经费原因难以转化，科技人员不得不带项目、带成果去外地转化。“以事业留人和吸引人”难以实现。

(2) 科技奖励标准偏低。湘西州科技创新投入不断加大，环境不断优化，人才不断涌现，科技服务经济社会发展的能力明显增强。但和湖南省其他市州相比奖励标准偏低。

(3) 政策力度不大，吸引不了高素质创新人才来州。湘西州虽然于1999年出台《湘西州专业技术人员管理暂行规定》，对引进人才给予了诸如住房、工资、科研经费等方面的优惠，但与其他地区相比，相差较大，缺乏吸引力。2015年继续出台《湘西自治州引进高层次人才工作暂行办法》和《湘西自治州引进高层次人才工作实施细则（试行）》，并于2015年9月1日起开始执行，但由于历史条件和客观因素的限制，吸纳人才的载体、空间和引力有限，无法吸引国内外顶尖专业人才，科技领军人才的培养与引进力度远远无法匹配主导产业持续向上发展的要求。

5. 政府投入的杠杆作用未能充分发挥

近年来，虽然湘西州财政对科技投入增长较快，但未能有效撬动企业、金融资本和社会资本参与创新投入，R&D经费支出在全省排在末位（见表4-2），从政府投入的结构上看，对科技的风险投资、科技融资担保等给予的投入基本上还是空白，科技创新活动缺乏金融资本和社会资本参与。

表4-2　　2017年全省研发（R&D）情况

指标名称	2017年R&D经费内部支出（万元）	2016年R&D经费内部支出（万元）	增速（%）	2017年GDP（万元）	2017年投入强度（R&D占GDP比重）（%）	2016年投入强度（R&D占GDP比重）（%）	强度差（2017—2016）（%）
总计	5685310.2	4688418	21.3	345905600	1.644	1.500	0.144
一、按执行部门分组	—	—	—	—	—	—	—
科研机构	318066.2	215739	47.4	—	—	—	—

续 表

指标名称	2017 年 R&D 经费内部支出（万元）	2016 年 R&D 经费内部支出（万元）	增速（%）	2017 年 GDP（万元）	2017 年投入强度（R&D 占 GDP 比重）（%）	2016 年投入强度（R&D 占 GDP 比重）（%）	强度差（2017—2016）（%）
高等院校	301101.1	264171	14.0	—	—	—	—
企业	5030932.2	4181195	20.3	—	—	—	—
工业企业	4617716.2	3929647	17.5	—	—	—	—
非工业企业	413216	251548	64.3	—	—	—	—
事业单位	35210.7	27314	28.9	—	—	—	—
二、按市州分组	—	—	—	—	—	—	—
长沙市	2479808	1987142	24.8	105355100	2.354	2.131	0.223
株洲市	524085	473047	10.8	25804042	2.031	1.883	0.148
湘潭市	381386	314754	21.2	20557641	1.855	1.705	0.150
衡阳市	301167	234877	28.2	31324784	0.961	0.823	0.138
邵阳市	187926	155103	21.2	16914995	1.111	1.020	0.091
岳阳市	572310	516579	10.8	32580281	1.757	1.666	0.091
常德市	354794	355867	−0.3	32381409	1.096	1.204	−0.108
张家界市	15938	11409	39.7	5424100	0.294	0.229	0.065
益阳市	189201	146651	29.0	16654064	1.136	0.988	0.148
郴州市	251214	204278	23.0	23377334	1.075	0.932	0.143
永州市	131020	85209	53.8	17284630	0.758	0.544	0.214
怀化市	123174	64790	90.1	15039670	0.819	0.464	0.355
娄底市	159144	127659	24.7	15449779	1.030	0.912	0.118
湘西土家族苗族自治州	14142	11053	27.9	5826426	0.243	0.208	0.035

4.3 湘西州科技创新工作亟待解决的问题

1. 加大科技研发投入

湖南省委、省政府对R&D的经费投入占GDP的比重（全社会研究与试验发展经费支出占地区生产总值的比重）这一指标高度重视，杜家毫书记指出省政府要专题研究。许达哲省长2017年在政府工作报告中专门提出了全社会研究与试验发展经费支出占地区生产总值的比重这一指标。多年来，湘西州R&D经费投入量小、比重低，与其他市州差距越来越大，特别是州县财政科技资金投入近年来增长甚微，有的县市没有增长，甚至个别县财政没有纳入预算安排，对企业投入科技创新的领导作用大大减弱。

2. 加速发展高新技术产业

“十二五”以来，湘西州高新技术产业发展取得了明显进步，但总的来说，产业集群仍处于原始集群的状态，处于集群的成长期，在发展中存在着诸如集群规模小、集群程度低、产业链条短、缺乏技术创新因素、整体竞争力不强和可持续发展后劲不足等问题。2016年，泸溪省级高新区成功创建，对享受上级高级技术产业利好政策，推动湘西州锌铝等新材料产业聚集发展、对接更多科技创新资源等将产生重要作用，也为其他市县推进产业集群发展做了很好的示范。湘西国家农业科技园区、湘西“光谷”、湘西民族文化创意研发基地等重点科技平台建设有新突破，全州有效发明专利万人拥有量达到1.51件，在全省各市州排名靠前。同时，加大高新技术企业培训力度，力争到2020年，高新技术企业达50家，“两型”科技产品达到30项，实现高新技术产业产值100亿元以上，高新技术产业增加值占全州工业增加值的比重达到20%以上。

3. 着力推进科技化成果转化

目前，全社会科技成果转化率普遍不高，大多科研成果、专利躺在实验室里“睡大觉”，特别是高校和科研院所的科研成果转化与产业化率长期低于20%。下一步，将着力改善科技与经济“两层皮”的问题，探索建立科技成果、知识产权评估、归属和利益分享机制。鼓励科研人员转化转让成果，或以知识产权入股企业，对于职务发明成果转让收益（入股股权），成果持有单位可按不低于70%的比例奖励给科研负责人、骨干技术人员，鼓励企业从高等院校、科研院所引进科研成果和开展技术难题攻关（委托开发），对以技术开发、技术转让等方式承接科技成果，并在本州实施转化和产业化的给予经费补助。同时，州科学技术奖增设“专利运营奖”和“产学研合作与科技成果转化奖”。

5　湘西州产业转型升级分析

在经济危机的冲击和影响下，湘西州近年来遇到了很多的挑战，产业发展过程中也存在很多不利的影响因素，这就要求湘西州根据自身资源配置条件加快产业转型升级，提高产业竞争力，以保障经济的可持续发展。

5.1　产业转型升级的主要影响因素

产业转型升级是在各种因素的综合作用下实现的，包括市场需求、科技进步、供给要素、市场竞争、政府干预、环境资源约束等，各种因素相互作用和相互影响，形成了推动产业转型升级的耦合动力机制。综合国内外研究成果，可以将影响产业转型升级的因素分为三大类：经济因素、社会因素、环境因素。经济因素主要包括经济总量、收入水平和产业结构等；社会因素主要包括基础设施、政府政策、社会保障和教育水平等；环境因素主要包括生态环境和技术创新环境两方面。产业转型升级影响因素模型如下图所示。

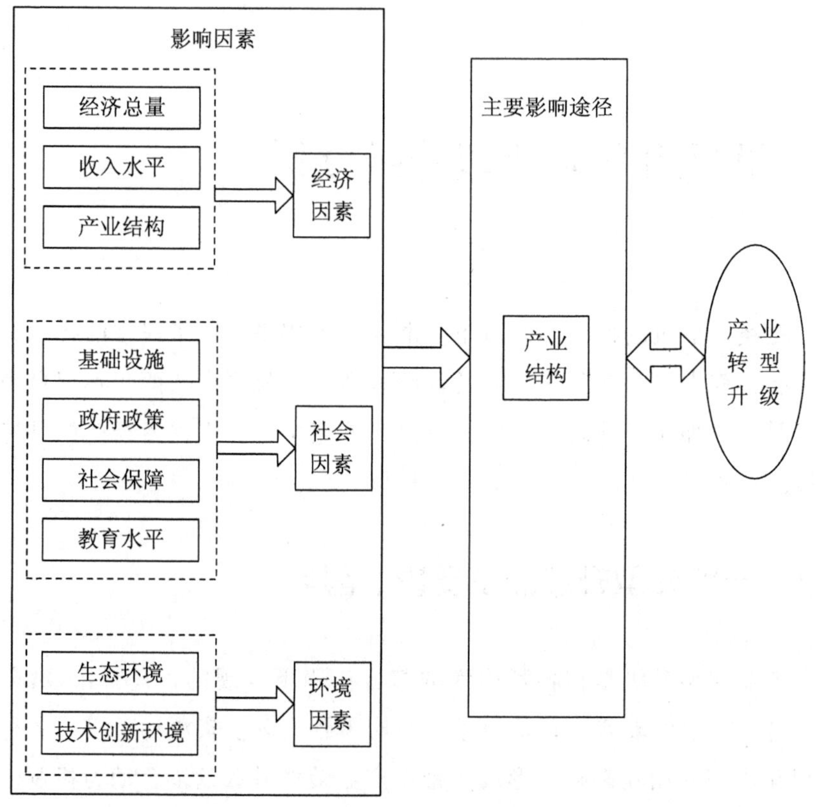

产业转型升级影响因素模型

5.1.1 经济因素

一个国家的经济形势，能够从一定程度上反映一国当前宏观经济的运行情况，并能在很大程度上预示未来的经济动态。在某个特定时间段，一个国家经济出现上扬或者下挫趋势，都会对其产业转型升级产生某些影响。而与之相对应，各类经济主体为有效避免由下挫的经济形势所造成的潜在威胁，或者充分利用由上扬的经济形势所带来的发展机遇，应该提出相应的富有前瞻性且科学有效的战略举措，以促进产业更好地转型升级。经济因素方面可以细分为经济总量、收入水平以及产业结构等。

1. 经济总量

通常来讲，当试图去了解一个国家或地区的经济发展水平时，会发现当地的经济总量与产业结构相互发生作用，从而决定当地的经济发展水平。而各产业之间通过产品的交换、流通和分配，会引起经济增长的结构发生变化，并最终引起各产业之间发生变动。因此，把生产要素、生产资料及其生产活动结果在各产业之间的构成、比例、联系及相互关系叫作产业结构。虽然经济增长体现的是一个总量如何发生变化，但产业结构变化和经济总量变化之间相互影响，产业结构的状态和转换在一定程度上决定了经济总量的变化，反过来也成立，经济总量增长越快，产业结构变动率越大。

2. 收入水平

20 世纪 50 年代，在收集、整理并分析了 20 多个国家的统计数据后，著名的美国经济学家西蒙·库兹涅茨（Simon Kuznets）提出了发展经济学中的一个重要理论，该理论认为国民收入（净产值）在三次产业间的比重变化与劳动力的变化存在一致性的规律，这就是我们所熟知的库兹涅茨曲线（Kuznets Curve），又称“倒 U 曲线”。即：当一国或地区经济不断发展，三次产业的国民收入比重也随之发生变化，一般来说，国民收入在第一产业所占的相对比重呈下降趋势，而第二、第三产业的比重将上升。随后，霍利斯·钱纳里（Hollis B. Chenery）等通过收集 101 个国家 1950—1970 年的统计数据，在此基础上建立了投入产出多国模型，试图解释结构变化和收入水平之间的关系。通过回归分析结果表明，结构变化与收入水平之间的确存在规律性联系，即人均收入水平越高，在国民生产总值中，农业所占份额将越来越低，工业所占份额将提高，而在就业结构中，农业劳动力比例下降，工业劳动力比例基本不变，而第三产业将吸纳大多数从农业转移出来的劳动力。

3. 产业结构

通常，谈论一个国家或地区的产业结构，指的是当地各个产业的组成、相互联系，以及比例关系。这三者任一不相同，都会造成对当地经济增长不同的影响。开放经济条件下，一个国家或者地区的产业结构所处的状态和发生的变化都会直接影响到当地各产业的竞争力。不难理解，如果一个地区某产业缺乏竞争力，随着资源配置在各区域间的流动、市场竞争力的加大，该产业必将走向衰退，最终退出市场；相反，如果产业竞争优势大，那么该产业能够在区域间合理地配置资源，相应地能够促进产业较快的发展，久而久之，该产业在经济结构中将占越来越大的比重。同时，不仅仅区域间的产业能决定一地的产业结构，而且当地各产业间的竞争力也会影响该地产业结构强弱的变化。当某产业在某一地区形成产业集聚，某一产业的相关产业不论是在技术开发、科技创新，还是在制造、分销、营销、销售和服务上，都能够做到与本产业形成合理化分工，从而促进本产业转型创新和升级。

5.1.2 社会因素

1. 基础设施

当一个企业所在的区域和行业，能够为其提供诸如便利的交通、成熟的产业园、良好的城市规划等有利的物质条件时，就可以认为该企业具备良好的相关配套基础设施，同时也就具备了转型升级的有利因素。一个产业能不能顺利成长，一个地区的产业结构是否合理，都取决于当地的基础设施是否良好。良好的配套基础设施对协调各产业间的关系极为有利。第一，需求的多样化与结构变化有赖于基础设施的合理配置；基础设施的合理变动不仅有利于深化产品加工、促进产业结构变动，而且有利于丰富市场需求，进而影响产业发展速度；第二，投资基础设施具有乘数效应，它能带动相应产业的发展，引起产业结构变动；第三，基础设施属于产业结构的一部分，增加对它的投资，会增加第三产业产值，推动产业结构升级。

2. 政府政策

产业转型升级，政府起着很重要的作用。一方面，政府需要在通盘考虑当地经济发展情况、产业发展定位、空间布局等各方面的因素后，制定科学的产业发展计划以及实施方案；另一方面，政府也需要立足当前，从企业的实际情况出发，积极制定各种政策，引导企业自主地进行转型升级。当前，不论是中央还是地方政府，为了促进产业结构调整、转变经济发展方式，都从不同的层面出台了相应的产业发展规划政策。落实相关政策，引导企业合理地改造升级、跨区域转移、跨产业转型，都将在一定程度上促进产业转型升级。

3. 社会保障

社会保障作为国民收入再分配的一种手段，其水平高低直接影响着市民享受社会保障的待遇。一方面，社会保障水平直接体现了社会保障资金的供求关系，维护着百姓的切身利益；另一方面，社会保障水平间接表明了社会保障体系的运行状况，维护着社会的安定团结。随着工业化的进程，农民渐渐地失去土地，他们开始寻求另外一种保障制度以代替原始的土地保障，现代社会保障制度由此诞生并开始发展。当工业化进程完成，大多数的农民失去自己的土地而开始变为工人时，农业开始被第二、第三产业取代，对社会保障水平的要求随之增加，所以在社会保障制度建立初期，社保水平随着第二、第三产业的发展而提高。说到底，经济结构的调整，涉及利益关系的调整，有得必有失，在实现结构调整的同时，工人、农民唯恐失去赖以生存的条件，顾虑重重。因此，要实现第一、第二、第三产业结构及工、农产业内部结构调整，建立和完善社会保障体系必须先行。所以说，社会保障水平与产业结构间有着内在的联系。

4. 教育水平

教育作为人力资本形成的主要方式，不仅可以通过提高一国或地区的人力资本水平促进经济发展，而且能够推动技术进步、自主创新，从而促进产业结构升级。产业结构的变动与分工和专业化相互联系、相互影响。一方面，分工和专业化促进了教育和技术进步的产生；另一方面，教育和技术进步又反过来推动分工和专业化。人们通过学习，通过得到教育实现分工与专业化，可以说，教育为技术进步提供了智力支持。而产业结构优化升级不仅需要技术进步和教育等因素的推动，而且往往受限于需求、工作效率和工人工资等因素。所以，教育是推动产业结构优化升级的重要手段和重要经济职能。通常来讲，教育主要通过三个手段来促进产业结构的优化升级：一是增加人均受教育年限，从而提高劳动生产率；二是优化劳动力知识结构，进而改善各产业间和产业内部的技术结构；三是调整义务教育投资的个人收益率。

5.1.3 环境因素

1. 生态环境

生态环境的重要性不言而喻，它不仅是人类生存与发展的物质基础，也是经济运行的根基。传统的经济系统把整个经济社会看作一个独立的经济系统，没有特别考虑生态环境和自然资源的影响。现代环境经济学在传统经济系统的基础上将生态环境包容进来，把生态环境看作整个经济—环境大系统的一部分。生态环境被看作可以提供各种服务的一种财产。这种财产的特殊性在于，它提供人类从事经济活动的生存支持系统。在现代经济—环境大系统中，产业结构只有适应了区域生态环境，并能够发挥生态环境和自然资源的优势，才能在市场竞争中占有优势地位并具有较强的生命力。优良的生态环境能够为产业结构的优化、经济的持续发展提供良好的生存条件和物质基础，从而推动经济的可持续发展，促进产业结构优化升级。相反，如果生态环境持续被破坏，那么不但经济发展得不到生态环境的支撑，而且产业结构的调整也难以为继，对区域经济的发展有百害而无一利。

2. 技术创新环境

技术创新环境是指在技术创新过程中，影响创新主体进行创新的各种外部因素的总和。主要包括国家对创新的发展战略与规划、国家对创新的经费投入、社会对创新的态度等。一个良好的技术创新环境，不但可以通过优化、整合资源，为产业结构升级提供技术支持，以达到提高产业竞争力、推动经济持续发展的目的，从而形成更大规模的经济增长效应。换句话说，如果一个国家或者地区拥有良好的基础设施、顺畅的信息交流渠道、便利的交通网络、低成本优势的物流状况，那么自然而然就能促进当地经济的增长，降低成本，提高创新成果，进而达到优化产业结构的目的。一个国家或者地区如果历史悠久，能够形成良好的创新氛围，那么创新活动也就相对能够比较容易得到实现。同时，当创新活动和创新成果开始取得成效，并且形成产业化时，将极大地推动创新活动的广度和深度，进而提高创新的效率，促进产业结构的优化。因此，技术创新环境越好，创新绩效越好，继而对产业结构优化的影响也就越大。

5.2 促进湘西州产业转型升级的有利因素

5.2.1 “十三五”良好开局

（1）质量效益明显提升。全州产值过亿元的工业企业达到 61 家，占规模工业企业的 22%，其中 10 家企业产值过 4 亿元，工业企业利润增长 27.2%、税收增长 6.1%，11 家企业在新三板、省股权交易所挂牌，7 家企业进入省上市后备名单，现代企业制度逐步建立完善，工业对新型城镇化、农业现代化的带动作用明显增强。

（2）结构调整步伐加快。农产品加工业、通用设备和电子设备制造业增加值分别增长 10%、27.4%、61%，六大高耗能行业增加值下降 8.1%，省高新技术企业、新材料企业分别达到 27 家、17 家，高新技术产业比重达到 13.1%，“一矿独大”的产业格局加快改变，传统产业两型化态势正在形成，产业结构从传统产业为主向传统、新兴产业并举转变。

（3）发展平台不断夯实。完成园区基础设施投资 35 亿元，新建标准厂房 108 万平方米，新引进 152 家企业入园，工业聚集发展程度明显提升，园区规模工业增加值占总量的 51.6%，湘西州经开区产城融合、扩规发展步伐加快，泸溪工业集中区获批省高新技术开发区。

好的成效来之不易，主要得益于湘西州州委、州政府谋划工业的思路方向正确，突出园区建设、要素集聚、基础设施配套，实现了从抓单一企业到抓产业集群、产业链发展的提升；推进项目建设更加有力，工业投资增长 15.2%，一大批工业新建和技改项目建成投产；加大企业帮困解难力度，落实工业八条、工业百企精准帮扶等政策，实施优惠电价、涉企减负、要素保障等综合措施服务企业，有力地促进了工业持续健康发展。

5.2.2 多重利好政策红利加速释放

一方面，国家为了保持经济中高速增长，稳增长措施出台的力度不会减弱，并且更加注重推动中西部与东部地区均衡协调发展，2016 年 12 月 14 日至 16 日的中央经济工作会议明确指出，要坚持稳中求进工作总基调，继续实施积极财政政策和稳健货币政策，继续深化供给侧结构性改革，加强对财税、金融、土地、城镇化、社会保障、生态文明等基础性重大改革的推进，深入实施西部开发、中部崛起等，推进脱贫攻坚，这为湘西州加快发展提供了良好的外部环境。另一方面，湘西州原有国家和省多重优惠政策叠加的战略机遇没有改变，同时为了实现“十三五”末贫困人口全部脱贫、贫困村全部退出、贫困县全部摘帽，打赢脱贫攻坚战，全面建成小康社会，国家将继续加大脱贫攻坚的支持力度，特别是随着习近平总书记、李克强总理等中央领导同志亲临湘西州视察后，湘西州已成为全国脱贫发展的聚焦点和武陵山区开放开发的热土，加之 2017 年湘西州迎来建州 60 周年，省委、省政府明确表示继续加大对湘西州脱贫发展的支持力度，2016 年 12 月 28 日召开的省委经济工作会议又专门做了强调，这为我们打好脱贫攻坚战、加快湘西发展创造了历史条件。

5.2.3 发展基础进一步夯实

高速、高铁、航空、水运等综合立体交通体系逐步形成，信息、城镇、水利等基础设施逐步改善和持续加大投入，精准扶贫取得新实效并将深入推进，发展环境不断优化，为湘西州招商引资、加速发展提供了新的基础。产业结构转型升级，特色产业、新兴工业加快发展，锌、锰价格回升趋好，农副产品产销进一步增长，特别是以生态文化旅游为主的第三产业快速发展，商贸物流体系不断完善，消费能力和水平不断提升，电子商务迅速发展，凤凰旅游品牌影响力不断扩大、老司城成功申遗，全域旅游、大众旅游时代的到来，湘西州生态文化旅游资源优势日益放大，大发展、大提质的势能蓄积待发。

5.2.4 改革红利逐步释放

行政审批制度改革、供给侧结构性改革、财税体制改革、商事制度改革、不动产登记制度改革、农村集体土地所有权承包权经营权“三权分置”等改革的完成或推进，将进一步激发市场活力，推动创新创业，激发民间投资活力。机构改革、乡镇区划调整等改革的完成，进一步优化了体制机制，提高了行政效率和服务水平。

5.2.5 产业转型升级方式

1. 突出结构调整，推动工业发展供给大优化

近年来的矿业整治整合和新兴产业培育，为湘西州工业转型发展打下了坚实基础，但由于过去工业投入不足、企业培育不够，缺乏科技含量高、精深加工的规模企业，工业经济总量不大、效益不高、带动能力不强的问题仍然突出，2016 年工业对经济增长贡献率不到 20%，工业经济抵御市场风险能力较弱。要注重“加减乘除”并举调整产业结构，增加优质产品供给，缩减低端产业空间，发挥创新驱动乘数效应，去除高污染高能耗过剩产能。要改造升级传统产业，鼓励引导企业加强技术改造，采用新技术、新工艺、新设备、新材料改造现有设施设备和工艺条件，提高工业生产率；巩固提升矿业整治整合成果，推动优惠电价、项目资金、资源配置向矿业龙头企业集中，支持矿业向高端化发展；支持酒鬼酒调整产品结构，巩固提升中高端产品质量，扩大中低端产品市场份额；推动农产品和旅游商品加工等传统产业规模化发展，提高产品附加值，延伸产业链条。要培育壮大新兴产业，抓住新一轮科技革命和产业变革的历史性机遇，做大做强新材料、生物医药、电子信息、新能源、节能环保等新兴产业，研发和打造更多新品、优品、精品，特别要对接湖南制造强省五年行动计划、工业新兴优势产业链行动计划，出台战略性新兴产业发展规划，支持领军企业并购重组，积极培育新的经济增长点。要坚持新型工业化与新型城镇化、农业特色产业、生态文化旅游业、信息化发展相结合，既注重用工业化推进农产品精深加工、旅游商品开发、电子信息产业发展，促进产城融合和城镇扩容提质，又注重用信息化改造提升传统工业、用城镇化为工业提供更优发展平台、用农业现代化为工业提供优质特色原材料，在“四化”同步协调发展中抢占转型升级的制高点。

2. 突出园区建设，推动工业发展质量大提升

工业园区既是重点产业、优势企业、生产要素的聚集平台，又是推进产城融合发展的主要载体。近年来湘西州以标准厂房建设和项目入园为重点，加快基础设施和公共服务配套，取得了明显成效，但工业园区配套设施还不完善、承载能力还不够强，特色园区建设滞后、县市园区建设不平衡等问题还比较突出，产城融合还有很多工作要做。要坚持“工业园区化、园区城市化、产城一体化”的发展思路，创新园区建设筹资、供地模式，加快园区扩规发展。要强化“筑巢引凤”意识，抓好标准厂房建设，搞好商贸物流综合体、保障性住房和文教卫体等公共服务配套，打造特色园区、生态园区、高科技园区，加快产城融合步伐，力争到 2020 年，全州培育 4 个以上百亿园区，园区规模工业增加值突破 300 亿元、占全州规模工业增加值比重 75%以上，主营业收入达到千亿元。湘西经开区要加快推进吉凤新区规划建设，着力发展电子信息、特色食品、现代物流、大数据等产业，争创国家级开发区。吉首要着力打造双塘高铁新城，重点发展食品药品、装备制造、现代物流等产业，打造武陵山区投资洼地、创业宝地。泸溪要重点发展新材料、循环经济等产业，打造全国新材料产业示范基地、全球最大的铝粉精深加工基地。凤凰要着力打造武陵山区旅游商品研发、加工、展示、销售中心。古丈要着力打造茶叶精深加工产业园，加快钒新材料和建材制造产业园建设。花垣要重点发展锰锌钒深加工及废渣综合利用等产业，着力打造锰锌新材料产业基地。保靖要大力发展电子信息、农副产品加工、陶瓷等产业，重点打造“湘西光谷”。永顺要积极对接芙蓉镇高铁站、溪州新城开发推进产城融合，重点发展电子信息、生物医药、农副产品加工等产业，打造三产融合特色示范园。龙山要加快园区规划建设，抓紧完善园区基础设施和服务配套，重点发展中药材、特色农产品加工、民族工艺品，打造湘鄂渝边区区域加工和边贸物流中心。

3. 突出创新驱动，推动工业发展活力大释放

创新是产业长盛不衰的法宝，突破发展瓶颈的根本出路在于改革创新。要大力实施科技创新，加快构建以企业为主体、市场为导向、产学研用相结合的技术创新体系，完善科技成果转移转化机制，支持企业实施创新能力建设工程，推动原始创新、集成创新和消化吸收再创新，提高新技术产业比重。要创新土地供给，积极探索科学用地方式和弹性供地机制，实行差别化用地政策，盘活城镇存量建设用地，通过出让、租赁、入股等方式流转农村集体土地，保障工业用地需求。要创新资金筹措方式，加快资本市场体系建设，探索引入社会资本成立产业投资基金，深入开展政银企合作，支持企业通过上市、发行债券、融资担保等方式做大做强，鼓励社会资本参与园区基础设施建设。要创新人才引进和培养机制，通过政府推动、企业主体、市场化运作相结合的方式，加大对创新型人才、紧缺型人才、高层次人才的引进，支持企业与高校、科研机构培养复合型人才和高技能人才，为高素质企业家成长创造良好条件。要创新园区建设管理，按照“小政府”定位，选好配齐工作班子，政策上大胆放权、工作上大胆放手、财税上大胆放活、管理上更加规范，让园区真正实现“封闭式管理、市场化运作、独立式运行”，使园区功能更加完善、特色更加鲜明、环境更加优化，真正成为推进新型工业化和新型城镇化的示范引领区。

4. 突出服务保障，推动工业发展环境大改善

要进一步提高办事效率，加快“放管服”改革，减少审批事项，简化工作流程，建立园区企业定期评价部门服务质量的制度，整治不作为、慢作为、乱作为现象，实行园区企业“宁静日制度”，降低企业发展成本。要落实领导干部“三联”、企业帮扶等制度，加大对企业的协调服务力度，加强企业周边环境综合治理，依法严厉打击侵犯企业财产及非法阻工、强买强卖、敲诈勒索等行为，积极帮助企业解决能源、资金、技术、人才、供地等方面实际问题。要完善服务模式，加快众创空间、企业孵化器等服务平台建设，有针对性地引进研发设计、知识产权服务、检验检测认证、融资租赁等生产性服务机构。要进一步完善工作机制，建立健全目标任务确立、督察考评等机制，对土地储备、标准厂房建设、项目落地、企业纳税等主要指标完成情况进行重点督察，对精准服务企业落实情况进行全过程跟踪，肯定实干者，褒奖有为者，一步一个脚印把推进新型工业化各项政策举措落到实处。

5.3 促进湘西州产业转型升级的不利因素

5.3.1 价值链与核心竞争力

从整体上看，湘西州产业发展仍然处于价值链低端，制造业中大部分行业只具有生产环节的相对竞争优势，未形成自主切入国际流通领域的市场力。但服务业中传统服务业比重依然偏高，现代服务业发展水平还不高，竞争力还不强，特别是科研、技术服务业和金融业等生产性服务业发展滞后。近年来湘西州高新技术产业虽然保持了持续较快增长的态势，但是与全省及其他市州相比，仍处于落后水平。

1. 结构性短板明显，抵御风险能力不足

（1）规模总体偏小。湘西州高新技术企业以中小微型企业为主，缺乏较大规模的企业，不少企业没有专门的研发机构，导致全州高新技术产业产值、增加值虽呈现快速上涨态势，但总量占全州 GDP 的比例不到 3.5%，与全省平均水平相比仍存在较大差距。

（2）结构较为单一。全州以锰、锌、铝为主的黑色、有色金属传统高新技术产业产值占全部高新技术产业总产值的比例达到 78%以上，易受国家宏观调控政策影响，环境风险较高，存在一定的安全隐患，抵御市场风险的能力明显不足。

（3）产品层级较低。湘西州技术环境优势不明显，大部分高新技术企业仅从事产品的简单加工和产品组装，生产作业仍处于产业链中的低端简易环节，没有带动和辐射产业下游配套企业的发展，缺乏向深加工领域延伸的动力。

2. 创新型能力缺乏，产业转型能力不强

（1）科技人才队伍薄弱。科技人才属于流动性较强的人群，从湘西州经济发展、区域地位、企业规模、创新激励等因素来看，与省内其他地区以及周边地区相比存在着不同程度的差距，造成了科技人才引进难、引进人才留住难的窘境。

（2）项目资金扶持力度不够。受国际国内市场变动、国家宏观调控政策以及环保整治等综合因素影响，近年来湘西州黑色、有色金属等工业企业生产萎缩，无力投入资金用于技术改造和产品升级，加上引进重点产业建设项目落地难，导致全州创新型企业、高新技术企业培育难。2017 年，全州未新增一家高新技术企业入库，全年仅完成高新技术产业投资 8.3 亿元，同比下降 16.4%。

5.3.2 创新投入与核心技术

2016 年全州 R&D 经费投入总额为 11052.8 万元（其中科研院所 1176.7 万元、高校 4048.9 万元、规模企业 5827.2 万元），投入强度为 0.21%，仅完成省规定任务≥1.15%的 18%，远远低于全省 1.5%、全国 2.1%的平均水平，居全省倒数第一；2017 年上半年全州 R&D 经费投入总额为7300万元，强度约为0.22%，离省定目标仍然差距巨大。按照省委、省人民政府《关于贯彻落实创新驱动发展战略建设科技强省的实施意见》（湘发〔2016〕25号）规定，2020年全省R&D经费强度要达到2.5%，湘西州要达到2.5%，湘西州应达到15亿元左右，任务非常艰巨。

1. 全州R&D经费数据采集范围较窄

按照统计部门审定的R&D经费数据采集渠道和统计对象，R&D经费强度主要从以下三个方面合并计算：经信部门负责采集规模企业和国防R&D经费投入、教育部门负责采集高等院校R&D经费投入、科技部门负责采集科研机构R&D经费投入。目前，全州纳入R&D经费强度统计的只有300余家规模企业、6家科研机构和吉首大学。

2. 州县市区财政R&D经费投入过低

按照R&D经费投入规则，本地财政科研经费投入一般应占全社会研究与试验发展经费的20%以上，但州本级自2014年已经连续4年未增加科研经费预算（预算为1350万元，其中用于标准厂房500万元，实际可计入R&D经费强度的仅250万元），县市区甚至减少了预算，2017年吉首、泸溪、龙山超过了100万元，永顺、凤凰、古丈、花垣都在20万～30万元，保靖县为0，能计入R&D经费强度的少之又少。目前，全州财政科研经费可计入R&D经费强度的金额不超过1000万元，居全省倒数第一。

3. 全州企业R&D经费投入过低

按照R&D经费投入规则，企业科研经费投入一般应占全社会研究与试验发展经费的70%以上，但由于全州产业基础薄弱、高新技术企业少、企业不够重视科研投入、企业上争科研经费少等原因，2016年全州规模企业投入R&D经费仅为5827万元，占全社会研究与试验发展经费52.7%，占规模工业总产值比重仅0.22%，平均不到20万元/家。从R&D经费机构看，主要集中在产值过亿元企业和高新技术企业，且有近半经费来源于上级科研项目。

5.3.3 发展环境与政府扶持

1. 中小微企业融资渠道狭窄，发展环境严峻

中小微企业占湘西州企业总数99%以上，在推动全州经济社会发展、缓解就业压力、改善民生等方面，发挥着越来越重要的作用；影响中小企业健康发展的突出问题——融资难，成为湘西州实现经济又好又快发展亟待妥善解决的课题。金融危机以来，受人民币不断加息、用工成本不断上升、原材料价格不断攀升以及融资越来越困难等因素影响，湘西州中小企业特别是小微企业的发展环境日趋严峻。1939年英国的哈罗德·麦克米伦（Harold Macmillan）提交给英国政府的报告中提出，无论是在任何的经济主体还是环境里面，中小企业发展过程中都存在资金缺口，即资金供给方不愿意以中小企业提出的条件提供资金。这便是金融行业广为人知的“麦克米伦缺口”，是世界范围内的难题。

本课题组的问卷调研结果也显示，72%的企业认为资金周转不足是制约企业转型升级的主要因素。融资成本过高、小额贷款公司与融资性担保公司未成规模、缺乏针对中小微企业的金融产品创新、政府支持力度与企业快速发展的形势不相适应，成为中小微企业转型升级、自主创新过程中难以逾越的障碍。

2. 政府对快速成长期的高科技企业需求了解不充分，扶持不足

高科技企业发展至快速成长期，主导产品已经确定，销售额年增长率达到30%以上，市场占有率不断提高，企业的核心竞争力或品牌优势已经形成，这一阶段企业的创新能力和发展活力是最强的；但同时，这类企业对于资源、要素等直接投入成本的提高又极其敏感。若能在这一关键阶段及时获得政府扶持，这类企业就有可能壮大为行业龙头企业，否则极易陷入经营困境。目前，随着湘西州工业化的大力发展，生产要素价格不断上涨，处于高速成长期的高科技企业面临用地、用工、融资以及技术人才缺乏等瓶颈问题，而政府部门对这类企业的成长特征及面临的困境缺乏透彻了解，对其扶持力度明显不够，严重制约了企业的发展后劲和成长空间。

5.3.4 载体整合与集聚效应

高端产业的集聚必须以各类高水平的平台载体为依托。近年来，湘西州按照集聚发展、特色发展、创新发展、集约发展的要求，编制实施《湘西州 2014—2020 工业园区发展规划》，建立了各类功能平台和创新载体，但目前各园区平台的布局仍较为分散，资源整合与功能协作程度较低，产业定位有所重叠，导致有限资源不能有效聚集，平台对高端人才、重大项目的吸聚作用较弱，难以形成聚合效应，对产业转型升级的支撑作用难以充分发挥。反观长株潭的园区管理模式，对各园区统一编制规划、统一制定政策，使区域内各种资源实现集约发展，增强了对大项目的吸引力。湘西州亟待借鉴长株潭等地区的先进经验，加大对平台载体资源的整合力度，打造带动全市产业转型升级的强大引擎。

5.3.5 发展方式与土地供给

2016 年以来，面对国内外复杂严峻的宏观经济环境，湘西州加快转变经济发展方式和经济转型升级步伐，以项目、平台、人才等创新要素建设为重点，进一步加大科技投入、强化创新基础、优化人才队伍、加快园区建设，实现高新技术产业继续保持平稳较快增长，新技术、新业态、新服务的增长动力和潜力凸显，对经济结构优化升级的带动作用逐步增强。尽管湘西州经济发展较快，但产业发展方式仍带有明显的粗放特征，这与产业结构不够优化、产业发展的质量和效益偏低有很大关系，这使得土地等要素供给的压力日益增大。

随着湖南省主体功能区划、新型城镇化、工业化、精准扶贫、全域旅游、“十三五”规划、生态文化公园建设等战略与规划的实施以及张吉怀客运专线、黔张常铁路、湘西民用机场等重大交通基础设施的规划建设，湘西自治州作为欠发达地区，将迎来全新的发展机遇，如何协调保障经济社会发展与保护耕地的关系，成为土地利用规划与管理中迫切需要解决的头等大事。

5.4 影响湘西州产业转型升级的深层原因

5.4.1 产业转型升级的制度环境与政策优势不够

1. 体制机制创新不足

2018年以来，湘西州进行相应的体制改革，但是从整体而言，由于各种原因，其改革创新积极性不足，特别是与产业转型升级相关的体制机制改革进展缓慢，政府部门的思想观念较为保守、僵化，缺乏与新一轮产业转型升级相适应的“先行先试”政策突破，直接影响了产业发展和产业结构的优化升级。与长株潭、湘中地区的城市相比，湘西州在吸引国家和省里各重大项目支持以及内外资源整合方面的力度不足，体制机制创新和政策创新方面远远落后于发达地区的城市。相关调查显示，75％的企业认为湘西州对转型升级的资金扶持力度不够，主要表现在财政转型升级专项资金扶持范围过窄、标准过高、税收减免、优惠政策不足等；42％的企业认为，与省内及其他周边地区相比，湘西州吸引高端人才的政策优势正在逐渐减少。

2. 科研配套资金不足

国家级、省级重点项目是湘西州经济发展及创新能力提升的重要抓手。课题组在调研过程中发现，一些企业对于国家级、省市级重点项目申报的积极性很高，但据企业反映，在获批国家级、省级项目后，政府仅能提供少量配套资金，与国内其他地区的支持力度相比有明显差距。据调查，部分企业认为政府对技术改造、技术创新扶持力度不足，创新、技改更多地表现为企业行为，让企业感到势单力薄，极大地影响了企业进行科技创新、申报重点项目的积极性，也制约了湘西州企业整体自主创新水平的提升。

3. 企业自主创新积极性不足

土地资源对于企业的自主创新活动和转型升级意义重大。课题组调研发现，湘中地区等地方政府在企业研发用地的土地政策优惠等方面灵活度很大，允许企业按照工业用地价格购买研发用地，地方竞争力的优势非常突出。相比之下，湘西州的土地政策制定就显得相对滞后。据调查，部分企业认为土地瓶颈是目前制约企业推动转型升级的主要因素，部分企业面临土地资源不足的问题，影响企业开展自主创新的积极性。

5.4.2 产业转型升级中金融与科技的融合度不高

1. 科技金融体系不完善

2016 年，湘西州科技局政府信息公开指南中明确提出加强科技与金融结合，牵头组织推进科技金融服务体系建设，但目前，湘西州科技与金融互动机制的建立仍然相对滞后，科技风险投资、创业投资发展较为缓慢。本课题组的问卷调研结果显示，67％的企业认为在转型升级过程中所获得的“财政金融”支持非常有限。同时，金融机构投资实体经济的积极性与长株潭等城市相比较低，投资不活跃。创业投资、科技保险、贷款担保等金融创新产品较少，显现不出对高新技术的服务功能，科技创新链条与金融创新链条融合度不高，尚未形成多元化、多层次、多渠道的科技投融资体系，民间资本缺乏进入产业科技创新领域的渠道。

2. 政府投资的退出机制尚不完善

按照湘西州州委州政府“542”发展思路，主动适应经济发展新常态，湘西州认真贯彻落实全省加速推进新型工业化工作会议精神，着力调结构促转型，加大招商引资，引进一批新兴产业。逐步形成了矿产业、食品加工业和生物医药制造业三大产业集群同步发展，战略性新兴产业逐步发展壮大的工业格局。目前，战略性新兴产业的快速发展主要依靠政府的财政资金扶持和税收优惠政策。但由于湘西州多层次资本市场尚在构建过程中，资本市场的退出机制尚不健全，导致政府引导基金尚未建立起完善的退出机制和严格的退出程序。然而，政府投资不能及时退出，一方面形成过度保护，不利于战略性新兴产业在市场经济中自我生存能力的提升；另一方面产生对民间资本、社会资本的“挤出效应”，不利于市场投资力量的充分介入与接盘。

5.4.3 产业转型升级中具有持续创新能力的人才短缺

1. 科技人才队伍薄弱

2017年全州高新技术企业研发人员900人，较上年减少262人，同比下降22.5%；每万人口中拥有科学技术研发人员数量为3人，位居全省末位。

2. 专业技术人员总量偏低

既熟悉科技发展前沿又了解产业发展的专业技术人员在就业人员中所占比重非常低。据调查显示，65%的企业认为技术型人才的短缺导致转型升级缺乏必要的技术和管理支撑。湘西州专业技术人员总量、大中型工业企业科研人员总量远低于发达地区。

3. 高级技术工人相对匮乏

在产业转型升级过程中，社会对于人才的需求是极其多样化的，既需要高端领军科技人才对企业乃至整个行业的引领，同时对于能够熟练运用现成技术的“务实技能型”人才需求也很大。据调查显示，65%的企业认为制约企业转型升级的重要因素是技术型人才的缺乏，尽管企业拥有强烈的转型升级意愿，但由于缺乏高端人才，使得企业缺乏必要的技术和管理支撑转型升级。根据《湘西州技能人才队伍建设报告》显示，2017年，湘西州技能劳动者达28万人，高级工水平以上的高技能人才数占技能劳动者总数的2%，用人单位缺技工、缺技能人才的问题十分突出，特别是技师等级的高等人才更是稀缺。目前不单单是在湘西州，在全国范围内，都存在高级技工缺口较大的现象，而且高新技术产业“数字蓝领”的缺乏也让人深深担忧。

5.4.4 产业转型升级的整体营商环境有待改善

相关调研发现，多数企业反映有各类资格证照审批繁杂，政府多头管理；决策审批流程较长，项目开发建设手续繁多，实际操作过程中存在政府部门“踢皮球”现象；社会公共事业费和行政性费用过多过重；各类协会团体的职能效用不明显等问题。湘西州的行政机构行政透明度仍然较低，部门协调性不足。企业反映目前交易成本上升，政府设置过多条条框框、审批门槛，公共服务效率下降，整体营商环境已不利于企业转型升级，亟须改善。

5.4.5 产业转型升级的科技创新意识和氛围不足

科技创新是产业转型升级和企业持续发展的动力之源，但科技创新持续时间长、投入资金量大且风险较高，与传统的商业文化理念相冲突。传统的商业文化理念注重短期收益、偏于风险规避的商贸文化特质与甘冒风险、宽容失败、注重长远的创新文化不相适应。很多企业往往习惯于赚“快钱”，满足于商业贸易、加工贸易的“短平快”，创新动力不足，整个社会也尚未树立起“从拼汗水向拼智慧转变”“从拼成本向拼技术转变”的创新意识，这使得湘西州科技产出水平较低。2017 年度创新能力排行榜中，湖南省各市州排名顺序为：长沙市、株洲市、岳阳市、常德市、衡阳市、郴州市、湘潭市、益阳市、邵阳市、永州市、娄底市、怀化市、湘西土家族苗族自治州、张家界市。据介绍，排行榜是参考中国创新指数的指标体系，创建了创新环境、创新投入、创新产出、创新绩效共 21 个二级评价指标，依据官方数据，历时一年多测算得出的结果。创新产出指数也远低于长沙市、株洲市等省内城市。这些都将严重影响湘西州经济的发展，制约产业的发展后劲。

6 政策建议

6.1 湘西州传统产业转型升级发展的路径

6.1.1 做好整体规划和定位，引领各产业转型升级

产业发展需规划先行，尤其是对未来发展方向的定位要科学、精准、清晰。湘西州政府在加快推进产业转型升级过程中，首先需要做好规划定位工作，从可持续发展的角度出发，谋求各产业转型升级的效益最大化。

1. 认清自身优势

湘西州要主动把握新形势、顺应新趋势，在新的更高起点上谋划和推进全州产业大建设、大发展。当前和今后一个时期，全州上下要以习近平新时代中国特色社会主义思想为指导，牢固树立新发展理念，推进现代化经济体系建设，围绕省委、省政府产业项目建设“五个100”，坚守“542”发展思路，以重点产业项目建设为抓手，推动优势产业、优势资源、优势政策向农业特色产业园区、工业集中区、旅游景区、商贸物流区“产业四区”聚集，加快传统产业转型升级、新兴产业蓬勃发展，培育壮大实体经济，构建以生态文化旅游业为主导、特色现代农业为基础、现代制造业和劳动密集型加工业为支撑、电子信息等新兴产业为先导的产业体系，为打赢脱贫攻坚战、决胜全面小康提供有力支撑，为推动创新提质、特色赶超、率先崛起，加快建设美丽开放幸福新湘西打下坚实基础。

2. 坚守实体经济

实体经济是立国之本，制造业是一切行业之母。党的十九大报告明确指出，贯彻新发展理念，建设现代化经济体系，必须把发展经济的着力点放在实体经济上。2018 年全国两会期间，习近平总书记参加内蒙古代表团审议时强调，“推动经济高质量发展，要把重点放在推动产业结构升级上，把实体经济做强做优”。湖南省委、省政府高度重视产业发展，2017 年下半年召开的全省产业发展现场推进会，其规格之高、阵容之大、形式之新，为近五年之最。其目的就是要在全省上下形成重视实体经济、比学赶超抓产业发展的鲜明导向。2017 年年底召开的省委经济工作会议确定 2018 年为“产业项目建设年”。湘西州委、州政府每年召开经济工作现场推进会，重点看的是产业项目，比的是产业项目，推的是产业项目，其用意和导向十分明确，就是要全州各级各部门大力发展产业，培育壮大实体经济。2018 年确定的 228 个州级重点项目，产业项目占了 138 个，占比在 60％以上。同时，州委研究制定了《关于实施产业发展三年行动计划的意见》，目标任务很明确，要求也很具体。为了落实好产业发展三年行动计划，州政府正在研究制定支持 10 大重点产业发展的政策意见，准备组建 10 个产业发展专项推进小组，彰显了州委、州政府凝心聚力，加快产业发展，壮大实体经济的决心。因此，对湘西州而言，适应引领经济发展新常态，最根本最核心的任务是突出优势产业建设，发展壮大实体经济。

3. 扩大对外开放

改革开放是湘西州整体发展的根本动力和制胜法宝。不开放就没有出路，慢开放就会丧失机遇并丢掉先发优势。湘西州开放型经济发展潜力巨大，当前湘西州已进入建州以来最好的发展时期和全面扩大开放的关键期，各级各部门要认真学习贯彻习近平总书记关于扩大开放的重要论述精神，认真落实省委提出的“创新引领开放崛起”发展战略，加大湘西州开放开发力度，充分利用湘西州毗邻贵州省、湖北省、重庆市的地缘优势，大力发展物流、仓储和边区贸易，加快推动建设海关、检验检疫等办事机构，扩大对外开放，当好湖南省西部对外开发的桥头堡。深化与“一带一路”沿线国家的经贸、科技及文化合作交流，积极引导湘西州本土企业参与“一带一路”建设，鼓励湘西州本土企业跨国对外投资以及对外收购，抓住新的发展机遇，做大产业规模。为湘西州提升对外开放水平、促进开放型经济发展提供支撑，助推湘西州加快发展、加快脱贫。

6.1.2 有针对性地制定政策，不断优化产业发展大环境

政府制定的政策不是生产力，但却是产生生产力的重要推手。因此，对于湘西州加快推进产业转型升级而言，则更加需要政府部门有针对性地制定政策，不断优化产业发展大环境。

1. 分门别类施策

湘西州的产业转型升级，是需要政府出台一系列相关配套政策来引领推动的。由于每个行业每类企业的实际情况不同，只有按不同时期、不同层级、不同领域等分类制订政策，并将这些政策有机组合在一起，形成全方位立体式的政策体系，才能提高政策实施的有效性。因此，湘西州政府在推进产业转型升级过程中，必须做到分门别类、精准施策。为深入贯彻落实中共中央、国务院和湖南省委、省政府关于大力振兴实体经济的决策部署，落实州委《关于实施产业发展三年行动计划的意见》，营造支持产业发展的良好政策环境，经过深入调查研究，2018 年 6 月，湘西州正式出台《关于支持 10 大重点产业发展若干政策》。从财税、国土资源、金融、电力、品牌建设、产业招商、人才、行政审批、营商环境九个方面明确了 50 条优惠政策。

2. 加强政策引导

一项政策从规划制定到执行落实再到发挥作用往往需要较长的一段时间，而政府部门的积极引导则是缩短这个时间的最有效的方式。因此，湘西州政府还应该加强政策引导工作，加速推进产业转型升级各项政策落地。一是全面梳理各项产业转型升级相关配套政策，制订统一规

范的操作指引，对关键节点给予提示，方便企业循序渐进开展工作。二是成立产业转型升级专用咨询窗口，集中解决企业在产业转型升级过程中对政策认知不清晰、理解不到位等问题，确保企业把相关政策用足用透，保障产业转型升级的有效推进。三是积极做好政策宣传，一方面通过举办政策辅导会、送政策上门等方式，让企业尽快熟悉政策；另一方面还要充分利用报纸媒体、网络、微信公众号等多种舆论载体，广泛普及产业转型升级知识、效应及相关政策，提高全社会对产业转型升级的认可度，尤其是方便广大中小微企业及时了解和掌握产业转型升级政策和相关动向。

6.1.3 加快第三产业发展，促进产业结构更加均衡

产业结构是否均衡发展是衡量一个国家和地区现代化程度的重要标准。近年来，湘西州第三产业在全州经济稳步增长的同时取得了较大的发展。涵盖流通和服务两大部门的第三产业快速发展不仅有利于提速经济、优化结构、提升综合实力，更有利于扩大就业，提高人民生活水平，实现经济增长与劳动就业的同步发展。同时加快扶持战略性新兴产业，用新兴产业的增量来稀释传统产业的存量，促进产业结构更加均衡，形成协调发展格局。

1. 加快发展现代服务业

加快发展现代服务业对湘西州政府提升产业竞争力具有重要的现实意义，因此，湘西州政府必须加快发展现代服务业，把现代服务业作为全州产业转型升级的主导性产业，积极推进现代服务业与先进制造业的融合。一方面，湘西州政府要通过多渠道调研，及时整合现代服务业体系建设，重点推进生产性服务业，大力发展现代物流、电子商务、服务外包、创意设计等行业，放宽市场准入，进一步推进现代服务业对外开放，引导外地资本走进来，鼓励本地企业走出去，做大现代服务业规模，形成一批综合性多功能服务业集聚区。另一方面，支持主辅分离，引导大中型制造企业将非核心的现代服务环节分离出去，向社会提供第

三方专业化服务，促进内部服务外部化和服务交易市场化，进一步提升社会专业化分工程度，进而更好地促进制造业聚焦主业，推动整体产业转型升级。

2. 加快扶持战略性新兴产业

战略性新兴产业往往是指建立在重大技术突破基础上的，资源消耗少、成长潜力大且对经济社会有全局带动和重大引领的产业，是加快产业转型升级的“先锋队”。因此，湘西州政府在原有的新兴产业规划基础上，应加快培育发展战略性新兴产业，重点扶持以湘泉药业为龙头的生物医药、以新中合为龙头的电子信息、以丰达合金为龙头的新材料企业发展，积极培育新业态和新商业模式。一方面加大对新兴产业的招商引资力度，既要确保数量更要确保质量，坚持高规格高标准，提高准入门槛，重点瞄准技术上“高、精、尖”的优秀企业，为新兴产业落户创造条件；另一方面对新兴产业发展实行重点倾斜扶持，通过财政补贴、配套建设、提供载体等方式，为新兴行业发展提供最大的便利，并在项目审批、融资等方面实行“绿色通道”，缩短新兴产业从落户到产出的过程，不断增强其竞争力，促进其快速发展壮大。

6.1.4 加快提升科技创新能力，推动产业向高端化发展

创新是民族进步的灵魂，是一个国家兴旺发达的不竭源泉，是产业永葆青春的生命力。只有不断地汇聚科学发展动能，推动大众创业万众创新，湘西州产业转型升级之路才能够越走越宽，越走越远。

1. 优化创新创业环境

一是加强领导。政府要树立抓科技就是抓发展、抓创新就是抓效益的理念，切实做到把科技工作摆在重要战略地位，坚持一把手亲自抓，形成全面推进科技进步和提高自主创新能力的新局面。二是增加投入。首先要强化企业投入，企业是科技投入的主体，要按照企业规模考核科技投入的强度；其次要强化政府引导，确保财政性科技投入的稳定增长，通过直接投入、税收优惠等多种方式，增强政府调动全社会科技资

源配置的能力；最后要促进科技与金融的结合，金融机构要加强对创新型企业的支持，积极拓宽中小企业融资渠道。三是落实政策。要认真贯彻落实国家、省促进高新技术企业的税收优惠、企业研发经费税前加计扣除政策，以及其他促进科技发展的相关政策措施，科技、财政、税务等相关职能部门要加强对企业的服务指导，引导企业用足用好用活政策。同时，大力宣传创新政策、创新成果、创新企业、创新人物等，强化典型带动，营造尊重知识、尊重人才、崇尚创新创业、诚信守法，鼓励探索、宽容失败的创新创业环境，使创新创业成为一种价值导向、一种时代气息，在全社会形成浓郁的科技兴州氛围。

2. 强化企业创新责任

科技是第一生产力，创新是引领发展的第一动力。作为科技创新和经济紧密结合的重要力量，企业是实现产业升级、新旧动能转换的关键一环，只有企业主动加强研发、主动创新求变，才能更加有效地落实产业转型升级各项任务。湘西州政府应不断强化企业创新责任，灌输企业创新意识，巩固企业创新主体地位。一是大力培育高新技术企业，由市政府各部门共同组建攻关小组，对照高新技术企业认定标准，积极辅导有资质有条件的企业申报高新技术企业，紧紧抓住高新技术企业这一“牛鼻子”，充分发挥其在产业转型升级中的带头引领示范作用。二是加快建设研发机构，以本地院校为依托，以市场需求为导向，加强与国内外知名高校、科研院所的合作，采取政府、企业、高校院所共同投入的方式，在资金、设备、环境等方面给予政策保障，积极发展各行业创新研发中心，强化产业孵化功能，不断提升自主创新能力和自我造血能力，充分发挥研发机构对产业转型升级的支撑作用。三是加大产学研合作力度。加快推进各级技术研发中心的建设，重点支持自主创业项目，积极主动与国内外高校合作，建立战略性的合作伙伴关系，为企业与高校和研发中心之间搭建桥梁，以现有工业园区为载体，积极引进高校及研发中心的科研成果，加速推进产业孵化，增加产品科技含量。

3. 加强金融服务创新

金融创新的基本内涵就是如何利用创新手段整合各类金融资源，发挥金融的核心作用，推动地方经济又好又快发展。湘西州政府应该通过金融创新发展为经济社会发展尤其是中小企业服务，支持湘西州产业转型升级。一方面完善金融科技产业服务体系，打造科技金融服务平台，完善科技金融服务网络，提供全方位科技金融服务，引导各级国有金融控股公司积极开发各类科技金融产品，支持和鼓励商业银行、小额贷款公司、担保公司为科技创新企业提供专业化的金融信贷及信用担保等服务；另一方面加快推进科技金融产品创新，鼓励银行、保险等机构与创业投资公司、证券公司合作，全面推动科技金融产品创新，不断扩大知识产权质押贷款和股权质押贷款的规模，积极推广科技保险证券化，针对不同时期科技创新的企业需求和特点，提供多样化组合式的金融服务方案，进一步对冲和化解科技创新的风险损失，为大众创业万众创新提供金融保障。

6.1.5 进一步转变政府职能，积极加强服务型政府建设

产业转型升级离不开政府的推动，从当前形势来看，湘西州政府要加快推进产业转型升级，必须要进一步转变政府职能，积极有效作为，加强服务型政府的建设，为产业转型升级营造良好的行政环境。

1. 优化提升统筹能力

对产业转型升级进行统筹管理是政府部门责无旁贷的责任。一方面，湘西州政府要联合各行业协会做好对各行业的统筹管理，积极整合行业内资源，共同打造行业专属发展平台，实现行业信息共享、风险共同应对、联合技术开发、产品集体推广，避免企业单打独斗式发展，防止无序恶性竞争，鼓励企业协同集成发展，实现共同富裕目标。同时，湘西州政府还应积极通过举办各类产品展销会、产品推介会等形式，为本地产品提供商贸销售平台，帮助企业快速打开市场，抢占发展先机。另一方面，湘西州政府要进一步统筹整合园区建设，一是要重新梳理和明确各园区定位，实行错位发展，避免重复建设，确保每个园区都能有自己独特的特色和吸引力；二是要加强园区统筹指引，统一列明各园区

详细情况及优势对比，为外来企业及人才如何选择园区提供全方位咨询服务。

2. 优化公共服务质量

政府所提供的公共服务极大程度上影响着产业转型升级的效率，湘西州在推进产业转型升级的关键时期，更要注重政府职能的转变，持续优化公共服务质量，为产业转型升级创造条件。一是提高行政效率。积极推进“一门式”改革，实现部门间信息共享互认，简化办事程序，减少行政成本，在原有基础上，争取让更多的行政审批事项能够集中在行政服务大厅实现一门式办理，为企业办理业务提供更大的便利，营造廉洁高效的政务环境，进而更好地吸引投资，为产业转型升级服务。二是建立完善融资平台。由湘西州政府牵头，建立“政府＋企业＋金融机构”三方合作融资平台，积极推动民间创业融资，完善中小微企业投融资机制，研究设立政策性担保公司和融资担保基金，建立创新创业产业引导基金，鼓励企业提高直接融资比重，为湘西州产业转型升级中的资金问题保驾护航。三是建立统一的信息平台。政府积极引入第三方服务组织，通过这些组织，建立可靠、权威、实时的政府服务信息平台、企业信息平台、人才信息平台，并通过这些平台为企业的转型升级服务。

3. 创造条件为人才培育服务

无论是传统产业还是新兴产业的发展，都离不开人才的支撑，湘西州政府要充分创造一切便利条件，支持人才的培育与引进，为建立全面而充足的产业转型升级人才梯队储备而服务。一方面要做好内部挖潜。一是提升本地院校教育质量，积极鼓励和引导企业与本地院校的合作，根据企业需求定向开设专业及培养专业化人才，尤其是要加大培养智能制造方面的专业人才和能适应现代化产业体系的专业人才，弘扬“工匠精神”，为产业转型升级提供充足的技术工人储备；二是加强对本土企业家的培训，由政府出面提供机会，让本土企业家尤其是年青一代的本土企业家接班人及时接触最新的管理理念和产业发展方向，积极培育企业家精神，努力使每一个企业家都成为推动产业转型升级的助推器。另一方面则是要积极借智引智。进一步加大对高层次人才的引进，尤其是国家“千人计划”专家，要通过更丰厚的资金激励、更优惠的政策扶持、更高起点的发展平台，来吸引国内外高层次人才及科研团队落户湘西州，充分发挥高层次人才及科研团队的辐射作用和乘数效应，实现“引进一个人才、催生一个项目、带动一个产业”的目标，引领湘西州的产业转型升级。

6.2 科技协同创新推动湘西州产业转型升级发展的建议

由于湘西州复杂严峻的宏观经济形势，在科技协同创新的过程中出现了科技资源配置水平低、创新型人才不足、科技协同创新服务平台运行效率低、产学研协同创新积极性低、创新路径选择不合理等问题。因此，合理配置科技资源、积极开发创新型人才、构建区域科技协同创新服务平台、鼓励产学研协同创新以及培育战略性新兴产业显得尤为重要。

6.2.1 合理配置科技资源

由于我国政府行为过度行政化，没有把握好科技资源投入的重心，导致科技资源配置水平低、投入与产出不对等。因此，促进科技资源合理配置，需要处理好市场和政府的关系以及选择适合的产业作为重点投入对象，处理好市场和政府在科技资源配置方面的关系。

中共十八届三中全会提出：“处理好政府和市场的关系，使市场在资源配置中起决定性作用。”一方面，适当减少政府对传统企业创新项目和应用研究的投入，将重心放在基础研究和具有市场价值的技术上；另一方面，充分发挥市场的导向作用。健全和完善市场经济体制，保障市场高效、有序运行。形成政府和市场有机统一、相互协调、相互促进的格局，推动经济持续健康发展。将科技资源配置的重心放在传统优势产业上，将科技资源重点放在具有资源禀赋的、前后关联性强的优势产业上，可以发挥对其他产业和整个国民经济的带动作用，加快产业转型升级的速度，促进一国经济更好更快地发展。

湘西州随着科技体制改革取得进展，广大企事业单位积极转变观念，成果转化和产业化意识普遍增强，科研机构特别是转制科研机构抛弃小富即安的思想，纷纷根据发展科技产业的要求，调整内部组织结构和运行机制，深化人事制度、分配制度等方面的改革，有不少已经在发展高新技术产业方面迈出较大步伐。要实施科技创新载体优化工程，提出科技资源合理配置的政策建议，主要从三个方面着手：一要加快创新型园区建设。优化资源配置，重点加大湘西国家农业科技园区、光通信产业技术创新链、泸溪省级高新区、湘西民族文化创意产业四大重点板块科技投入，加快打造工业特色园区、高科技园区、生态园区，创建国家级和省级高新技术产业开发区。二要培育壮大科技龙头企业。充分发挥企业推进技术创新主体作用，大力实施科技领军型企业培育、“瞪羚企业”培育、科技型中小微企业培育“三项”计划，落实各项优惠政策、奖励政策，把更多创新资源配置到企业、更多科技人才引导到企业、更多科技项目落户到企业，到 2020 年发展高新技术企业 40 家以上。三要推动产学研用协同创新。创新科技合作机制，认真落实厅州会商制度，鼓励、引导、支持科技型企业联合高等院校和科研院所开展合作，重点建好 10 家以上省级工程（技术）研究中心、重点实验室和企业技术中心，组建 5 个有效支撑产业发展的公共科技创新平台，促进企业、科研机构和高等院校科技资源的合理流动和共享，有效引导创新要素向企业集聚。

6.2.2 开发科技创新人才

与省内其他城市和周边城市相比，湘西州科技创新资金投入不足、缺乏具有自主知识产权的核心关键技术、高级化技术人才短缺，这些都制约着湘西州经济的发展，影响着其核心竞争力。而科技创新是促进湘西州产业转型升级的重要手段。由于传统企业缺乏先进的设备和舒适的科研环境、用人机制和管理体制过于僵化、考核制度不合理等原因，导致我国高质量的科技创新人才严重不足，传统企业无法留住人才。因此，促进传统产业转型升级发展，应加强对科技创新人才的培养、引进和管理。

科技创新人才的培养。科技创新人才的培养是一个具有连续性、针对性的过程。其一，加强对人才的科技知识教育、科技研发能力训练、创新意识培养、创新观念更新、创新技能提升等与科技创新能力和科技研发能力相关的教育，提高科技人才创新能力。其二，从基础教育和素质教育入手，培养具有创新思维和创新能力的科技创新人才。将科技知识融入实践课，在培养学生动手能力的同时提高他们的科技创新意识。改革教育评价体系，变单一的知识考核为综合素质考核，使考试类型更多地向考核创新能力方面倾斜。

科技创新人才的引进。营造良好的外部政策环境和内部科研环境吸引优秀科技创新人才。其一，不断完善相关法律法规，保障科技人才的合法权益。其二，在企业内部营造舒适的科研环境和浓厚的学术氛围，为科研人员提供良好的工作和生活环境。比如，美国通过在企业内部建立技术中心的方法吸引国内外大量的科技人才。其三，打破旧的人才任用制度，鼓励人才破格录取，开阔全球视野，在全球范围内广泛吸引优秀人才。

科技创新人才的管理。建立和完善激励和保障制度，充分激励创新人才的积极性和创造性。其一，为科技人才提供宽松、舒适的工作环境，给予适当的人文关怀，让他们产生对企业的归属感，同时培养他们对自我实现的人生需求。其二，建立一套客观、公正的评价体系和激励机制、公平竞争环境、合理的科技人才流动机制和晋升机制。其三，建立合理的考核制度，定期考核与绩效考核相结合，使其能够反映出技术人员的研发水平和创新能力。

6.2.3 构建区域科技创新服务平台

由于科技基础设施不足且现有设施没有被充分利用，平台服务内容和投资主体过于单一、服务水平低、内部机制运行效率低，导致科技创新服务效率低下。因此，促进传统产业转型升级发展，应该积极构建科技政策服务平台、基础条件共享平台和中介服务平台；构建区域科技政策服务平台；建立科学数据共享保障体系；制定科学数据共享法及一系列配套法保障实施，涵盖数据的使用、管理、保密等方面，明确数据供给双方的权利与义务；同时制定惩罚条款，切实保障科技创新服务平台的有效运行。构建区域科技基础条件共享平台。一是增加基础设施。投入大量资金购买基础设施，由于基础设施规模大、周期长、专用性高，因此政府应大力扶持企业；与高校结盟，高校拥有大量先进的硬软件设施，加上我国高校众多，如果能利用好这一资源，必然能成为一种优势。二是提高现有设施的利用和共享度。整合同质科技资源共享平台，将有市场潜力的小规模平台融入大规模平台中形成分产业、分区域的资源共享模式；构建一个方便、快捷的网上科技信息检索平台和咨询系统，为企业提供及时快捷的科技信息咨询服务。构建区域科技中介服务平台。一是扩展服务内容。在信息发布和检索的基础上，增加技术交易服务、科技项目引进、科技项目招标、人才的开发与交流、风险投资服务、科技资产评估等服务；重点优化科技成果转化业务，提供价值评估、市场可行性分析以及成果转化手续办理等服务。二是促进中介服务平台主体和投资主体的多元化。形成以企业为主体，社会各方面共同参与的多元化服务平台体系；同时改变投资结构，变政府投资为企业、金融机构、政府、民间资金和外资共同筹资。

6.2.4 鼓励政产学研协同创新

建立有效的科技创新体系，不仅需要政府大力的支持，还需要通过科研基地等的建立为科技创新打好基础，因此，建立政产学研一体化的合作平台就非常必要。在新型工业化的大潮下，湘西州紧紧抓住国家西部大开发和扶贫开发向纵深推进，东部地区和发达地区部分产业向中西部转移的良好机遇，果断做出了推进新型工业化，建设创新型湘西州的战略部署，并创新引智引技思维——“不求为我所有，但求为我所用”。鼓励企业与高校和科研院所合作，提升企业研发能力和自主创新能力。

政产学研合作是一个长期的艰巨任务，在湘西州这样一个自然资源丰富，科技、人才资源优势不明显的地方，要利用好这些资源，必须加强对政产学研合作创新的引导，制定行之有效的对策，引导政产学研合作的良性发展，促进技术转移，加快推进湘西州科技创新，为推动我国建设创新型国家做出贡献。

近年来，全州企业主动寻求大学和科研机构的技术支持，共有 60 多家企业与省内外 50 多所高校和科研院所建立了政产学研合作关系，建立了 7 个技术研究中心，1 个博士后工作站，47 家企业设立了研发机构，初步形成了以企业为主体的政产学研相结合的技术创新机制。但由于三大主体间缺乏有效连接，协同创新积极性不高。通过政产学研合作，企业可以实现更高的生产力，学校、科研机构可以提高其科技成果转化率。因此，促进传统产业转型升级发展，发挥政府的引导作用、延伸企业和科研机构研发的长度、健全政产学研结合的动力机制就显得尤为重要。

政产学研协同创新在促进科技与教育结合、推动经济发展方面起着至关重要的作用，科技成果的转化是政产学研合作成功的关键，我们在今后的工作中要继续推进政产学研合作，完善技术转移机制，加快推进湘西州科技创新，为推动我国建设创新型国家做出贡献。发挥政府的引导作用，加强对高校、科研院所和企业的三方机构的协调与监督，制定相关的规章制度和政策支持政产学研协同创新活动，尽可能为政产学研协同创新提供良好的创新环境与条件，延伸企业和科研机构研发的长度，促进政府、高校、科研院所和企业的有效衔接。健全政产学研结合的动力机制，将内部和外部动力机制有机结合。在内部动力机制上，三大主体应改变观念，充分认识到协同创新的重要性。在外部动力机制上，政府支持是驱使企业参与政产学研合作的最重要因素，政府的支持是促进政产学研协同创新的主要动力。

因此，政府应更加重视政产学研的协同创新，加强对企业的R&D机构、科研院所、工程中心、生产力促进中心以及协同创新平台的资金支持。设立基金，实现政府研发投入和开放性信贷资金的有机结合，完善各类资金优惠政策和奖励政策，对实行政产学研协同创新的企业给予税收优惠。鼓励对国家专项计划、重点项目实行政产学研协同创新，创造一批市场前景好、收益高、技术含量高的产学研示范项目，带动更多的企业、科研院所和高校开展政产学研合作。

6.2.5 培育战略性新兴产业

我国在培育对象和技术创新方向的选择上不合理以及没有将绿色可持续发展理念融入科技创新中，导致传统企业向战略性新兴产业转化程度低。因此，合理选择重点培育对象、选对创新的技术方向、实施传统产业绿色技术创新就显得尤为重要。

在传统产业现有优势和已有条件的基础上，将那些更容易实现技术延伸和更容易在产业链、价值链、生产方式、资源组合方式上与战略性新兴产业融合的传统优势产业作为重点培育对象。选对创新的技术方向往往能起到事半功倍的效果。其一，建立完善的技术市场价值检验体系。其二，与中小型科技企业合作，中小型科技企业对市场的敏感度强，对技术的预测准确率高，可以帮助传统企业更加准确地把握市场方向。

培育发展战略性新兴产业，就必须培育承载战略性新兴产业的企业。湘西州一直在大力培育发展战略性新兴产业。一是支持鼓励企业申报省战略性新产业项目。2014年以来共推荐产学研专项项目近30个，其中9个项目获得立项，争取资金达2560万元。二是加大高新技术企业培育力度。2017年，确定高新技术企业培育企业48家，高新技术企业培育专项资金达到200万元。三是高新技术企业认定。连续3年对认定的40家高技术企业实施了奖补，奖补资金达到200万元。2017年有

19 家企业被认定为高新技术企业，创湘西州高新技术企业发展的新高。四是强力推进科技型中小企业评价工作。科技型中小企业是高新技术企业培育的重点对象。2018 年，高度重视科技型中小企业的创新发展，积极组织企业注册评价科技型中小企业。截至 4 月 30 日，湘西州已有 84 家企业申请注册科技型中小企业。其中 47 家企业完成自我评价，39 家企业被认定为科技中小企业。

战略性新兴产业是引导湘西州未来经济社会发展的重要力量，是湘西州创新驱动战略的动力源泉。整体来看，湘西州目前的战略性新兴产业的发展已经取得了较好的成绩，对湘西州经济发展的支撑作用正逐步体现，对引领未来发展的作用也日渐显现。但由于受到产业自身内在矛盾和外在因素的制约，湘西州战略性新兴产业的整体规模还比较小，产业发展的稳定性还比较差，产业的波动性还比较大，战略性新兴产业的巨大潜力以及对宏观经济的贡献尚未充分发挥出来。

6.3 在湘西州实行以科技创新战略引领脱贫攻坚的建议

党的十九大报告提出从现在起到 2020 年，是全面建成小康社会决胜期，而在湖南省刚刚确定的 11 个深度贫困县中，湘西州就占了 7 个。湘西不脱贫，就会影响全省全面建设小康社会的进程，但湘西要脱贫，必须要“造血”，要“造血”就需要改造传统产业、培育新兴产业，而这一切都离不开科技创新。在当前脱贫攻坚的关键时期，站在全省的角度对湘西发展精准施策尤需牢牢紧扣科技创新这个第一推动力不动摇，这既是推动全省加快建设全面小康的关键环节，也是湘西州真正实现脱贫攻坚的唯一途径。

6.3.1 实施科技创新战略是湘西州后发追赶、精准扶贫的抓手和引擎

1. 加快实体经济创新发展是湘西州脱贫攻坚的必然选择

省委书记杜家毫在 2017 年 10 月强调：“谁能把握产业发展趋势加

快创新，谁就能率先发展起来”。湘西州发展多年仍未能实现稳定脱贫，甚至差距仍在扩大，8县市中有7个县属于国家级贫困县和省级深度贫困县，究其主要原因就是产业经济内生动力不足。如2015年科技对经济增长的贡献率仅为32%，分别比国家和湖南平均水平低24个和22个百分点。与湘西州毗邻的重庆秀山县近年来从提升重点产业、培育创新载体等方面推动战略性新兴产业产值占工业总产值的比重达到35%以上，“十二五”期间GDP增速高达12.8%。实践反复证明，加快科技创新推动实体经济发展是湘西州推动脱贫攻坚、实现后发追赶的唯一选择。

2. 科技创新支撑产业发展是湘西州经济发展的现实需要

湘西州科技创新投入相对不足，2016年全州研究与试验发展经费支出占GDP比重仅为0.21%，远远低于全省1.5%、全国2.1%的平均水平，科技创新支撑产业发展的能力严重不足。同时，原先赖以依靠的锰锌钒铝等资源性产业面临环保、安监收紧趋势，行业产值和利润大幅下降，文化旅游和特色农产品面临散小差的压力，尤其是前几年电解锰下游产业链不全导致产业经济大幅下滑的惨痛教训，警醒湘西州必须加大科技创新投入力度，运用科技创新来延伸产业链、培育产业链，强化特色优势产业抗风险能力和在产业链中的核心竞争力。

3. 精准扶贫改变“输血式”为“造血式”的主要抓手与引擎必须是科技创新

2013年习近平总书记在湘西调研中首次提出精准扶贫，作为精准扶贫的首倡地，湘西州贫困面大、贫困人口多、贫困程度深，产业发展滞后，导致“贫血”情况较为严重。要根治“贫血”，除了从资金、社会保障方面加强“输血”外，更为重要的是激发肌体的“造血”功能，必须大力推进产业扶贫，根据湘西地区产业发展和科技需求实际，强化内生动力和“造血”功能，把精准扶贫与创新驱动发展紧密联系在一起，依靠科技创新助力打赢脱贫攻坚战，实现真脱贫、脱真贫、永久性脱贫。

4. 湘西州已具备依靠科技创新打赢脱贫攻坚战的有利条件

湘西州已初步形成锰锌钒铝新材料、农副产品加工等特色产业集群，获批“国家级重点工业性试验微细球形铝粉生产基地”，在光学晶圆、雾化铝粉等领域的研发技术已达到国际领先、国内一流水平，共创建高端重点实验室（工程技术研究中心）2个、省级重点实验室22个。汇集了吉首大学、湘西民族职业技术学院多所大中专院校，可为州内企业提供众多技术管理人才和熟练技工。同时，西部大开发、精准扶贫、湖南“五个100”等政策机遇奠定了政策基础，园区基础和科技资源奠定了产业基础，富饶的生物、矿产等资源储备了资源基础。未来，随着湘西州县县通高速、高铁，机场竣工，湘西州交通瓶颈将得到质的改善。

6.3.2 湘西州实施以科技创新战略引领脱贫攻坚的对策建议

作为湖南省脱贫攻坚，决胜全面建设小康社会的主战场，湘西州只有加快实施以科技创新战略引领脱贫攻坚，才能避免大量资源、创新成果“沉睡”“流失”或沦为“展品”，进而提高科技成果转化为现实生产力的速度与效率。

1. 加强顶层设计、促协同创新

建议实施“一区六园”的总体规划布局，统筹湘西经开区、吉首经开区、泸溪省级高开区等统一创建国家高新技术产业开发区，力争2017年申请、2018年培育、2019年成功创建，以工业尤其是战略性新兴产业作为经济发展的依托和支撑。建议州本级加快制订《湘西州科技创新驱动产业发展战略规划》《湘西州培育多点支撑产业体系发展规划》《湘西州对接“五个100”行动方案》等中长期规划，针对全州优势资源和重点产业，制订切实可行的发展目标和战略重点，进一步深入开展科技攻关和产学研协作，着力开展重大科技专项和科技成果产业化协同攻关，通过协同创新做大脱贫攻坚的大蛋糕。

2. 推动重点扶持、促差异化发展

建议由省政府主导，州政府主要领导与中国香港、中国台湾、长沙市等多个地区和对口帮扶城市，与清华大学等知名高校、科研院所深入开展战略合作，并就共同推进湘西州国家高新区创建、发展优势产业链等工作进行会商，争取在平台、资金、技术等方面对湘西州给予全方位支持。建议省委、省政府把促进湘西产业发展作为全省平衡、充分发展的头等大事，实施差异化扶持政策，并按照（湘府阅〔2014〕23号）会议纪要明确要求“由省财政厅牵头，按照5%～8%的比例切块省级有关专项资金，用于湘西自治州重点项目建设和民生事业发展”。将省科技厅、省财政厅等部门专项资金按照10%的比例分配给湘西州。具体资金使用可通过省相关厅（局、委）、州人民政府厅州会商形式，对重点产业进行集中创新发展。强化监督管理，确保科技创新扶持资金专款专用，为扶贫攻坚注入大能量。

3. 完善配套措施、促要素保障

建议湘西州按照《中共湘西自治州委关于加快推进创新引领开放崛起战略的实施意见》中“财政科技研发经费占财政总支出比重州本级不低于0.5%、湘西经开区不低于1%、吉首市不低于0.5%、其他县不低于0.2%，并按年均增速25%的标准保障到位”的规定，足额预算财政科技研发经费。鼓励、支持企业及其他组织自发建立科技创业投资基金，建立覆盖企业成长全过程的资金链，为科技创新驱动产业发展提供资金保障。建议优先建设以重点实验室为主的知识创新研发平台，以工程技术研究中心为主的科技成果转化平台以及以新型农村科技服务组织为主的农业技术推广服务平台。建议州委、州政府重点引进省“百人计划”、省“外专百人计划”、突出贡献专业人才和“三区”科技人才，完善创新人才分类评价等体制机制，为经济转型升级夯实人才基础。

4. 推进关键攻关、促成果转化

建议加快落实新修订的《促进科技成果转化法》，加快推进湘西州科技成果转化和知识产权交易平台建设，完善科技成果转化服务体系，优化科技成果转移转化激励机制，加快形成以企业为主体的政产学研合作机制，努力实现科技创新成果高效率转化。进一步围绕产业链部署创新链、完善资金链，支持湘西州战略性新兴产业、现代化农业和新兴先导型服务业重大关键技术、实用技术的集体攻关。积极创建省级技术转移中心，大力发展科技成果转化中介服务机构，以政府购买服务的形式支持中介服务机构（个人）的科技成果转移转化活动，将更多的技术与成果转化为脱贫攻坚的现实生产力。

5. 强化目标考核、促成效落实

要提升科技管理水平，跳出科技抓科技，跳出部门抓科技。建议由省科技厅牵头，会同相关职能部门组成联合考核组，制定出台绩效考核标准，并将年度考评结果作为干部考核和提拔任用的重要内容。州本级出台《关于加快科技创新引领驱动产业发展的奖惩措施》，对园区创新平台建设、科技成果转化、科技人才、技术攻关等进行全面奖补，对完成预期目标的，将科技成果转化收益按不低于50%的比例奖励给科研团队，将科技成果作价份额按不低于20%的比例奖励给科研人员和重要管理人员。同时，从省、市两个层面强化倒逼机制，从资金拨付等方面对不能按时按质完成年度目标任务的相关责任主体进行处罚，按每年5%的比例扣减相关支持，从而切实提高科技创新综合能力，提高服务脱贫攻坚的倒逼机制。

党的十九大报告的主题是决胜全面建成小康社会，但以目前的态势，湖南决胜2020全面小康，湘西州仍是最薄弱的一环。根据省社科院课题组深入湘西州基层调研，发现“等”“靠”“要”的思想依然比较严重，许多深度贫困县、乡、村仍然缺乏产业经济的内生动力和自我造血功能。但实际上其交通瓶颈制约已经得到改善，部分研发技术也已达到国际领先、国内一流水平，随着西部大开发、精准扶贫等政策机遇的叠加，湘西州已经具备以科技创新推动产业转型升级、引领脱贫攻坚的条件。笔者认为，如能进一步引起重视，加快要素汇聚、狠抓政策落地，湘西州其实大有可为，也完全能够有所作为。

7 保障措施

1. 加强组织领导

各级、各部门要增强推动科技创新的责任感、紧迫感，要把科技创新作为一项事关全局的重要工作，切实加强领导，强化组织保障，统筹协调推进全州科技创新的各项工作。要结合本部门、本地区实际情况，细化科技创新实施方案，制订新兴产业基地建设、服务业集聚区建设、高端重大项目引进、大众创业万众创新、人才引进、财税扶持、金融支持、土地保障和引导民间投资等方面的配套政策。按照科技创新行动计划具体任务分解安排，建立科技创新项目绩效考核办法和奖惩机制，加强对科技项目承担部门的动态考核。加强部门间的统筹协调和资源整合，提高科技工作的持续发展能力；各州县科技局和局属相关单位要建立健全组织机构，强化职能，加强领导，做好科技创新和科技推广工作。

2. 完善政策机制

根据湘西州促进科技创新、促进科技成果转化及产业化的相关政策要求，建立具有湘西特色的科技创新激励机制，通过鼓励、激励、奖励等手段，充分调动全社会参与科技创新的积极性和主动性；要建立健全州、区（县）两级科技推广机构，逐步理顺管理体制和机制，建立适应湘西发展新形势和新要求的科技推广队伍；强化知识产权保护，推行科技项目的监督管理和评价机制；创新政产学研一体化发展机制，建立科技进步贡献率评价指标体系，启动重点工程科技贡献率的评价工作。全面贯彻落实创新驱动发展战略，深入实施《中华人民共和国科学技术普及法》和《湖南省科学技术普及条例》，宣传《国家中长期科学和技术发展规划纲要（2006—2020 年）》《全民科学素质行动计划纲要（2006—2010—2020 年）》《“十三五”国家科技创新规划》和《湘西自治州“十三五”科技发展规划》等，突出科技精准扶贫脱贫取得的主要成就，突出科技成果转移转化带来的新技术、新产品和新产业，突出科技创新发展的新进展、新成效，着力提高全民科学意识和科学素养，使建设科技强州成为全州人民的自觉行动。

3. 强化路径引导

各级、各部门要按照区域产业发展特点和具体工作职责，组织深化产业链条梳理，研究各产业现有基础、发展条件，以及在产业发展趋势中所处地位，分析产业发展强项和短板，把握产业转型升级关键核心问题，研究提出具体支撑龙头企业、在建重大项目、在谈项目、策划项目，具体支撑园区载体、科技创新平台，形成明确的产业转型升级路线图。要围绕路线图，健全工作机制，确保每个产业链均有明确分管市领导、牵头单位和责任区，形成一个重点产业一班人马、一套举措。

4. 加大资金投入

建立和完善科技创新公共财政体制和专项资金保障机制，设立科技创新专项资金，把科技创新经费纳入年度财政预算，加大资金投入力度。完善以政府财政投入为主体的科技投入机制和投资增长机制。加快建立投资主体多元化、投资渠道和投资方式多样化的稳定的科技创新融资政策体系，进一步优化金融、财政等政策，吸引和鼓励包括国际机构在内的多种投资主体参与科技创新。

5. 加强人才培养

充分利用和整合国际、国内人才资源，发挥智库优势，建立以引进创新人才和科技领军人才为主，国际、国内专家为支撑的具有国际一流水准的科技创新团队，打造政产学研资源共享平台，共同开展科学研究和关键技术攻关。重视科技人才的培养，出台人才管理的激励和奖励制度，逐步形成以青年科技人才为主的核心创新团队、信息服务体系和技术交流队伍，加大生态建设科技成果推广应用力度。

6. 优化用地保障

推进产业用地在产业集聚区、国家级和省级开发区（园区）、高新技术开发区（园区）等区域内集中配置，推动产业项目进入州县两级产业集聚区，强化对企业用地的投资强度、产出率管理评价。严格落实限制和禁止用地项目目录，加强产业用地供应分类管理，严禁向淘汰类产业项目供地，严格控制限制类项目用地。抓紧修订“三旧”改造政策，加快推进城镇低效用地再开发，加大力度清理闲置土地，盘活利用现有城镇存量建设用地，推进老城区、旧厂房、城中村的改造和保护性开发。创新土地供应体制，允许各地试行工业用地弹性年期出让制度，合理确定工业用地出让期限。合理安排用地指标，增加对创新科研用地的支持，对技术创新型企业用地需求量较大的州（县、区）予以适当倾斜，优先解决工业园区重大产业项目用地需求。

7. 扩大合作交流

按照中国特色城市建设要求，加强与兄弟省市和发达国家的技术合作与交流，通过“请进来、走出去”的方式，提升与发达国家和城市的技术交流与合作水平；与相关领域国际知名大学和研究机构建立合作机制，开拓国际合作渠道，加大引智力度，完善先进技术引进、试验示范、集成创新的链式发展机制，加速湘西州科技创新和人才队伍的国际化进程，提高在科技创新事务中的话语权和影响力。

8. 营造创新环境

充分发挥市场机制在资源配置中的决定性作用，通过营造良好的市场环境、法治环境、宜居环境，促进人才、资金、技术等各项生产要素向优势产业、优势企业、优势项目的流动、集聚。加强土地、煤电油运等要素科学配置，加强城市基础设施、公共服务、生态环境建设，吸引高端创新要素集聚，为科技创新提供资源要素保障。切实加强行业协会、商会建设和规范管理，充分发挥行业协会、商会在行业管理、企业社会责任建设、组织行业企业参与国际竞争等方面的积极作用，为科技创新提供便捷高效服务。充分调动企业家积极性，发挥“敢为人先，善拼敢赢”的创新精神，加快企业科技创新步伐。充分发挥各类媒体的宣传引导作用，树立一批推动科技创新的典型人物、创新团队、示范企业。

8 结论与讨论

8.1 主要结论

本书以湘西州产业为研究对象，通过研究相关文献、收集和整理统计数据，对科技协同创新推动湘西州产业转型升级的政策进行了研究。主要得出以下结论。

1. 实施科技协同创新战略是推动湘西州产业转型的必由路径

在当前的新常态下，湘西州产业转型升级面临诸多不利的国际、国内经济环境，形势变得更加严峻。在经济转型、社会转型大的背景下，湘西州的产业转型任务变得更加艰巨。对资源依赖的“资源诅咒”和处于“中等收入陷阱”滞涨周期，使得湘西州产业转型障碍更加突出。如何化解不利影响因素，降低对资源的发展依赖度，走出转型困境，转变新的发展方式，必须要依靠以科技协同创新为核心的科技创新战略的全面和深入实施。

2. 加强科技协同创新环境建设

湘西州科技协同创新尚处于政府主导型的成长阶段，创新人才要素的缺乏是主要限制因素，适合采取创新中端（过程）的创新模式，需要重点加强科技协同创新环境建设。近年来，湘西州不断增加研发投入，科技创新的政策环境和基础环境得到了优化，一些创新基础条件、创新主体单元、创新平台的数量、创新投入与产出指标等均呈增长态势，但与湖南省内及其他周边城市相比还有较大的差距。创新资源先天不足、高层次创新人才要素匮乏、创新服务平台支撑作用不足、创新制度与政策环境落后、创新投入的绩效作用未能充分发挥等障碍依然存在。因此，科技创新能力的提升应以系统建设的思维，厘清湘西州科技创新的劣势和优势，明确建设的原则，选择合适的发展策略，借鉴国内外科技创新的发展经验，以政府为主导，以企业为主体，着力建设各类创新环境，强化各方的创新主体功能。

3. 持续推进产业结构调整的战略方向

科技创新会带动产业技术水平的进步和新技术的突破，促进劳动生产效率的提高，引导生产要素在各产业部门之间合理流动与优化配置，培育发展新兴产业，是经济增长与产业转型升级的原动力。目前，湘西州在依托科技创新促进经济发展转方式调结构方面还存在一些不足，具体表现在：创新创业的洼地效应尚未形成，区域竞争优势不明显；创新驱动的公共服务体系还不完善；科技成果交易流转的市场体系不健全；科技资源与金融资源结合还不紧密。针对这些问题，要从体制改革、资金投入、人才培养等方面入手，积极推进创新体系建设，加速科技成果转化与产业化。

4. 增强科技协同创新与产业转型升级两者之间耦合协调性

本书揭示科技创新的水平提高是推动产业结构转换升级的本质和关键。为了防止科技创新系统与产业转型升级的耦合协调水平呈现下降态势，政府部门作为科技创新系统中重要主体应当发挥市场在创新资源配置中的决定性作用，通过加大创新投入，深化创新体制机制改革，着力营建创新的软硬环境，来维持两者之间的耦合协调水平。

8.2 有待于进一步研究的问题

1. 研究不足

本书在研究理论与方法上尚待进一步完善。由于科技协同创新本身运行机制、演进过程具有复杂性以及与产业转型升级相互作用关系也较为复杂且具有滞后效应，本书仅从耦合协调角度进行了初步探讨，受资料、数据等限制，选择的研究方法还需进一步完善，定量分析部分稍显不足。此外，本书还应当关照其他视角、不同空间尺度和时间跨度层面的研究，以期更全面、系统地揭示科技协同创新与产业转型升级相互作用规律。

2. 后续研究

当前，中国的经济发展已步入新常态，产业转型升级面临的外部环境已经发生变化，无论是经济增速、发展质量还是增长动力，都在发生转换。因此，产业转型升级必须顺应新的发展形势，在应对新的挑战的同时，要乘势抓住国家新一轮经济体制改革带来的新机遇。国家“十三五”规划建议把创新发展的理念，作为破解发展难题必须牢固树立的首要理念，提出创新是引领发展的第一动力，必须摆在国家发展全局的核心位置。那么，如何通过实施以科技创新为核心的创新驱动战略来破解产业转型升级的难题，将会成为学术界、产业界和政府界共同关注的焦点问题，而本书的研究也应当在以下几个方面继续深入地展开探讨。

(1) 研究如何实施产业融合创新，通过施行“互联网+”和《中国制造 2025》行动计划，促进新一代信息通信技术、物联网技术在不同类型产业和企业间扩散和创新，并向市场、设计、生产等环节渗透，推进产业组织、商业模式、供应链、物流链创新，推动生产方式向柔性、智能、精细转变，推动生产性服务业向专业化和价值链高端延伸、生活性服务业向精细和高品质转变，以改造提升传统产业，构建产业新体系。

(2) 研究如何对接国家“一带一路”“长江经济带”和城市群发展战略，通过区域之间产业协同合作带动区域之间的创新合作，促进人才、资金、知识的跨区域流动，提高本地区企业知识与技术的消化、吸收和再创新能力，进而培育以技术、标准、品牌、质量、服务为核心的对外产业新优势，从而提高产品的科技含量与附加值和在全球价值链中的地位。

（3）研究如何营造适应大众创业、万众创新的创新环境，广泛集聚区域内外的创新要素和资源向本区域流动、汇集，有效激发创新创业活力；探索如何推广新型孵化模式，鼓励发展众创、众包、众扶、众筹空间，通过培植本区域的创新网络，形成具有区域特色的创新文化，持续深度地促进中小企业的创新，推动新技术、新产业、新业态蓬勃发展，来不断壮大新兴接替产业的规模。

（4）研究科技协同创新中如何有效发挥政府、企业和金融服务机构等主体之间的系统功能，建立与产业转型升级相适应的科技创新投融资体制；探索如何发挥政府财政资金的撬动功能，带动更多社会资本参与对科技创新的投融资；如何通过发展天使、创业、产业投资等投资方式，促进科技成果的转化和产业化。

参考文献

[1] PA GLOOR. Swarm Creativity: Competitive Advantage through Collaborative Innovation Networks [M]. New York: Oxford University Press, 2006.

[2] 王秀玲. 京津冀科技协同创新发展路径研究 [J]. 河北经贸大学学报, 2015, 11 (36): 118-120.

[3] 程强. 科技创新驱动传统产业转型升级发展研究 [J]. 科学管理研究, 2015, 8 (33): 58-61.

[4] 李林. 湖南湘中经济圈的区域科技协同创新研究 [J]. 湖南大学学报, 2014, 3 (28): 47-52.

[5] 侯玲玲. 传统产业转型升级促进政策的研究 [D]. 长沙: 中南大学, 2013.

[6] 杨斌. 创新经济体及其政策研究 [D]. 北京: 中共中央党校, 2010.

[7] 陈云贤. 以科技创新促进产业结构转型升级 [J]. 行政管理改革, 2011, 1 (10): 24-28.

[8] 王忠福. 俄罗斯科技体制转型与科技创新研究 [D]. 沈阳: 辽宁大学, 2013.

[9] 张根才. 政府科技创新管理研究 [D]. 上海: 上海交通大学, 2013.

[10] 李琳. 科技投入、科技创新与区域经济作用机理及实证研究 [D]. 长春: 吉林大学, 2013.

[11] 李琳．科技创新、产业结构升级对经济增长的影响研究 [D]．蚌埠：安徽财经大学，2017.

[12] 李丹琳．日本科技创新研究 [D]．长春：吉林大学，2017.

[13] 潘飞．江苏省创新要素对产业转型升级影响研究 [D]．南京：东南大学，2017.

[14] 皮乐为．京津冀科技协同创新的对策研究 [D]．北京：首都经济贸易大学，2015.

[15] 白雨．京津冀科技协同创新的政府合作研究 [D]．北京：首都经济贸易大学，2016.

[16] 陈国勋．科技协同创新及资源优化配置管理模式研究 [D]．石家庄：石家庄铁道大学，2016.

[17] 彭任重．区域科技协同创新的人才与团队培育政策创新研究——以湖南为例 [D]．湘潭：湘潭大学，2015.

[18] 李昊燕．我国制造业集聚促进产业转型升级的机理与实证研究——基于创新的中介效应 [D]．杭州：浙江财经大学，2017.

[19] 左鹏飞．信息化推动中国产业结构转型升级研究 [D]．北京：北京邮电大学，2017.

[20] 祝金钊．长江经济带科技创新与科技金融协同发展研究 [D]．蚌埠：安徽财经大学，2017.

[21] 夏业领．中国科技创新——产业升级协同度综合测度 [J]．科技管理研究，2018 (8)：27 - 33.

[22] 王伟．资源型城市区域创新系统与产业转型升级研究——以铜陵市为例 [D]．芜湖：安徽师范大学，2015.

[23] 贾昊．佛山市政府加快推进产业转型升级研究 [D]．桂林：广西师范大学，2017.

[24] 林良．科技协同创新体的内涵、运行机制及实践 [J]．技术经济与管理研究，2018 (1)：31 - 34.

[25] 刘志华．区域科技协同创新绩效的评价及提升途径研究 [D].

长沙：湖南大学，2013.

[26] 杨彬彬．长春市产业转型研究 [D]. 长春：吉林大学，2016.

[27] 王玉环．支撑湖南区域科技协同创新的知识产权制度研究 [D]. 湘潭：湘潭大学，2015.

[28] 程强．科技创新驱动传统产业转型升级发展研究 [J]. 科学管理研究，2015，33 (4)：58－61.

[29] M HEIJS J，BAUMERT T. The determinants of regional innovation in Europe：a combined factorial and regression knowledge production function approach [J]. Reacher Policy，2010，39 (6)：722－735.

[30] BJORN T ASHEIM，LARS COENEN. Knowledge bases and regional innovation systems：comparing nordic clusters [J]. Research Policy，2005 (34)：1173－1190.

[31] ASHEIM B T，ISAKAEN A. Regional innovation systems：the integration of local "sticky" and global "ubiquitous" knowledge [J]. Journal of Technology Transfer，2002 (27)：77－86.

[32] D DOLOREUX. What we should know about regional systems of innovation [J]. Technology in Society，2002 (24)：243－263.

[33] COOKE P，ROPER S，WYLIE P. The golden thread of innovation and Northem Ireland，evolving regional innovation system [J]. Regional Studies，2003，37 (4)：350－365.

[34] MARKEY S，HALSETH G，MANSON D. The struggle of compete：from comparative to competitive advantage in Northern British Columbia [J]. International Planning Studies，2016，11 (1)：19－36.